三精管理

宋志平◎著

机械工业出版社
China Machine Press

图书在版编目（CIP）数据

三精管理 / 宋志平著 . -- 北京：机械工业出版社，2022.3（2022.8 重印）
ISBN 978-7-111-70287-0

I. ①三… Ⅱ. ①宋… Ⅲ. ①企业管理 Ⅳ. ①F272

中国版本图书馆 CIP 数据核字（2022）第 034913 号

三精管理

出版发行：机械工业出版社（北京市西城区百万庄大街 22 号 邮政编码：100037）				
责任编辑：李晓敏			责任校对：殷　虹	
印　　刷：河北宝昌佳彩印刷有限公司			版　　次：2022 年 8 月第 1 版第 6 次印刷	
开　　本：170mm×230mm　1/16			印　　张：15.75	
书　　号：ISBN 978-7-111-70287-0			定　　价：79.00 元	

客服电话：（010）88361066　88379833　68326594　　投稿热线：（010）88379007
华章网站：www.HZbook.com　　　　　　　　　　　　读者信箱：hzjg@hzbook.com

版权所有・侵权必究
封底无防伪标均为盗版

Preface 序

一本详尽的企业经营管理指导手册

春节前拿到宋志平的《三精管理》书稿，在春节假期中安静地阅读，通读全书，感觉就是一位智者坐在我的面前娓娓道来，用平实的语言揭示着非凡的经营管理思想。倾囊而出，毫无保留，宋志平把自己的实践所得和内心感悟以一个又一个鲜活的例子、一个又一个真实的画面呈现给读者。这些思考和观点贯穿着宋志平带领两家企业跻身世界500强行列的全过程，也沉淀着他内在的经营哲学，透着他的真诚与智慧。

"三精管理"——"组织精健化、管理精细化、经营精益化"是宋志平的核心经营管理思想，全面概括和总结了他将企业带上健康成长之路的经营管理理念和方法。全书对三精管理进行了完整、细致的介绍，我再用任何文字描述都显得多余。当宋志平联系我为此书作序时，我觉得这更是我又一次的学习机会。这是一本详尽的企业经营管理指导手册，涉及经营管理的方方面面，我把自己学习所得之摘要分享给读者，也推荐大家去阅读这本书，相信你也一定会有自己的阅读心得。

"组织精健化的核心目标就是建立精干高效的组织体系，解决企业在成长过程中的组织竞争力问题。"在宋志平看来，组织是一个开放的系统，组织管理需要解决员工、管理者、股东和利益相关者之间的利益共享问题。所以，组织精健化是围绕公司治理、管控模式、组织机构等展开的。在宋志平的实践中，他一直坚持"伟大的公司需要伟大的董事会"，要构建一个良好的董事会和规范的治理结构，并且明确治理与管理的区别，即"治理是以防范风险、提升公司价值为目的，其要素是绩效和公司价值"，主要是确立投资者和经营者、决策层和执行层的行权规则。"管理是以降低成本、提高效率和效益为目的，其要素是质量、服务、价格"，主要强调管理层的内部控制。为了实现管理与治理的有效性，需要构建好的机制，用宋志平的话说就是"好的公司要有好的机制"。一个好的机制有两个关键点："一是所有者的开明，二是机制的科学有效。"宋志平详细介绍了他在中国建材的相关实践，既有观念上的总结也有方法上的总结，非常值得借鉴。

"从激励机制到共享机制"。好机制的探索是企业成长的核心脉络，激活组织成员，获得广泛支持，与时代同步并推动社会进步，都需要好的机制实现分配和协调。兼顾效率和公平，实现利益相关者的共赢，正是好机制的检验标准。宋志平在书中介绍了自己在中国建材的实践，在他看来"不管国企还是民企，谁能破解机制的难题，谁能有好的机制，谁就能发展得快、发展得好"。更值得关注的，是宋志平强调的"共享机制"。过去，企业更多关注的是激励机制的建设，随着时代的发展，企业需要从激励机制转向共享机制，确立真正激发大家共同奋斗的内在驱动力量，使企业成为一个社会、股东、员工的利益共享平台。

"目标管理是分层次的"。对于这一点，我也常常在计划管理中强调，企业不同层级的管理者应该承担不同的管理目标，彼此之间协同一体，才可以推进企业的整体成长。宋志平在书中形象地将不同层级的管理者比喻为"决策高手""市场能手""成本杀手"，并通过一系列具体例子和做法生动地加以说明。企业健康发展的关键正是多个目标协调一致的实现，如果高层不能有效决策，就无法保障企业发展方向；如果业务层不能真正推进市场开拓、经营优化，就无法获得企业发展的条件；作为企业的基础，有效的成本结构和质量服务水平至关重要，只有保证产品和服务的质量，把成本控制在合理的范围内，以及保证产品和服务全过程的安全环保等，才能为企业发展奠定坚实的基础。

"做业务平台离不开痴迷者"。我特别喜欢"痴迷者"这个表述，我同样也是"专业主义"的追随者。2013年，当我再一次出任企业负责人时，做的第一件事就是要求全员学习大前研一的《专业主义》，要求以专业主义回归经营，从而帮助企业获得业务成长。宋志平在书中从"平台专业化"的视角来探讨专业化问题，在他看来，"平台主要是指利润平台，而专业化指的是突出主业的专业化发展"。他特别强调"坚定业务发展的专业化"，并围绕这个话题探讨了对专业化与多元化，以及专精特新"小巨人"与"隐形冠军"的理解，尤其是他强调在企业中寻找业务"痴迷者"的观点和做法给人独特的启示。他写道："这些痴迷者对于自己的工作能够专心致志、孜孜不倦，一心一意做事情、做企业，干一行、爱一行、精一行，早晨睁开眼睛就想业务和工作的事，半夜醒来还是想业务和工作的事。"

"像办学校一样办工厂"。宋志平和我都是坚定地打造"学习型企业"的行动者。我们都清楚地知道，面对快速变化的市场环境，伴随不断创新的技术，迎接巨大的环境挑战，仅仅依靠曾经取得成功的经验是不够的，仅仅依靠少数人的学习也是不够的。企业整体都需要开展持续学习，把学习变成每个组织成员的日常习惯。正如宋志平所言，"我一直把建立学习型组织作为做企业的一个基本目标，在北新建材担任厂长时，我提出'像办学校一样办工厂'；在中国建材的时候，我常对大家说的一句话就是，'把时间用在学习上，把心思用在工作上'"。企业如果想更具组织活力和生命力，拥有学习力是关键，在我看来，学习者掌握未来，只有掌握了学习能力的企业，才能不断进取、自我更新以及持续完善。

"'四精五有'是我对干部的要求，也是我对自己的要求。"在企业发展的过程中，如何强调领导者和管理者的表率示范作用都不为过，领导者和管理者是企业的中坚力量，是带领企业发展的主心骨和生力军。作为企业的领导者和管理者，应该如何要求自己，宋志平以自身的实践和示范总结为"四精五有"。"四精"指的是"精心做人、精心做事、精心用权、精心交友"；"五有"指的是"有学习能力、有市场意识、有敬业精神、有专业水准、有思想境界"。"四精五有"既可以说是对领导者和管理者的要求，也可以说是企业文化的有机组成部分，企业归根到底还是做"人"的工作，领导者和管理者如何约束自己、自我管理以及超越自我是永恒的话题。

"八大工法"。对于方法论的执着让宋志平在带领中国建材这个大集团时得心应手。他强调精细管理，"管理要精细到每一个过程和工作岗位，这是精细管理的核心内容"，并明确指出精细管理中的"精"要围绕成本控制、质量管理、现金流展开。也许宋志平的精细管理深受日本企业管理的影响，所以他在意现场管理、全员参与，并且注重方法。在全书中，读者可以看到宋志平总结的很多方法，比如做好精细管理的四个字"早、细、精、实"，"八大工法"，企业联合重组的"三盘牛肉""三五整合"模式，"六星企业"标准，"增节降工作法"，"价本利"理念等，当然也包括本书完整介绍的"三精管理"。这些管理方法，用宋志平的话说就是："简单易行的工法，听上去朗朗上口，用起来以一当十，便于一线管理者、员工记忆和使用。其实，这样的管理才能真正深入人心。"这些管理方法的"核心目标是构建成本领先的生产管理体系，在保证质量和现金利润的情况下，解决成本竞争力的问题"。我在阅读这些方法时，同样有此感受。在我国，管理研究通常较多地强调理论性，而在实用性、可操作性上的研究较少，宋志平所总结、提炼的管理工法，无疑具有极大的价值。

"按着常理做企业"。自改革开放以来，虽然有各种挑战和冲击，但是总体上说中国企业赶上了蓬勃发展的好时代，也正因为如此，很多企业抵抗不住机会的诱惑，有了一定规模之后，就开始违背常理盲目扩张与发展，最后教训惨痛。我非常认同宋志平在经营精益化中所倡导的三大主义："务实主义、专业主义、长期主义"，这也是"按着常理做企业"的基本要求。他以自己的亲身实践告诉大家，企业都要有自己的主业，要围绕主业形成核心业务，非核心业务原则上应该舍弃，"企业要聚焦四个核心，即核心业务、核心专长、核心市场、核心客户，这些都是企业非常重要的看家本领，必须要做好"。这一点在数字化时代显得尤为重要。数字技术的发展，带来完全不同的发展模式，数字技术与产业结合会产生非常多的新机会，如果企业不能聚焦主业，不能发展出自己不可替代的价值，很可能在变化中失去自我，从而失去发展的机会。"企业成长要有节奏"，为此，北新建材确立的经营理念就是"审慎投资、稳健经营、严控风险、有机增长"；北新建材也在此基础上总结出"九宫格管理法"，即做强、做优、做大的九个指标。企业管理者一定要知道，企业发展是分阶段进行的，不能一味贪大求快，回归基本规律才可以确保企业实现可持续的高质量发展。

"企业家的任务是有效创新"。有关企业创新的理解，宋志平和我都深受熊彼特、德鲁克的影响，我认为创新需要转化为行动及结果，他强调"有效创新"，提出了"有效的、有目的的、有组织的创新，要在熟悉的领域创新以及有效的管理"的创新理解，并以自己的创新实践加以说明，介绍了不同的创新模式以及这些创新模式所取得的成效。在创新理解上，特别需要认识到，企业不是为创新而创新，而是为解决客户问题和为客户创造价值而创新，这是根本理念。他特别谈到了自主创新，"现在模仿行不通了，靠模仿创新只能有二流、三流的技术，不可能做到一流。我们经过了跟跑和并跑，现在局部已经领跑，必须要自主创新"。要做好创新，关键在于创新体系的建设。关于如何打造创新体系，宋志平详细介绍了他在中国建材的实践，我特别希望读者能从中获益。

"转型而非转行"。企业转型是一个痛点也是一个难点，但是企业不转型一定无法持续发展，对于这个问题的实践与探索，宋志平的观点非常值得借鉴。"转型不是转产、转行，而是立足于本行业，在对现有业务精耕细作的基础上，持续提质增效升级，用新技术、新商业模式改造传统行业。"这是他对企业转型的定义。他提出来的企业转型四个重点方向——高端化、数字化、低碳化、服务化，非常具有启发性和指导性，值得每一位带领企业转型的领导者仔细理解和深化实践。

"从量本利到价本利"。对于经营，宋志平一直有自己的独到之处，他是一位出色的企业经营者，他的《经营制胜》一书给很多企业管理者带来启示，本书对经营精益化再一次做了深入介绍，显示出他对经营的重视程度。在经营中，关于如何掌握定价的主动权，他提出了一个全新的盈利模式——价本利。"价本利"的基本要义有两点：一是通过稳价保价手段，使价格处在合理的水平区间，使之不严重违背产品的价值；二是控制一切应该控制的成本。通过价格本身的经营，不仅要确保客户能够得到价值，还要实现行业的健康发展、企业的有效成长，最终达到"价值最优化"。

"价值创造：产品与资本的协同共生"。关于资本价值，宋志平有他自己的理解，那就是如何与资本协同共生，通过资本市场放大和提前实现价值。他在书中分别介绍了高市值上市公司的特质、低市值上市公司改进管理的建议，以及什么是高质量上市公司的特点。这些介绍能给读者一个全面理解公司价值管理的概要，可以帮助企业领导者理解企业价值与社会价值之间的协同共生，理解企业如何承担社会责任，如何推动社会进步并为构建美好社会做出贡献。

  以上是我的读书心得，仅仅是书中内容的一小部分，这本书可以说是宋志平几十年经营管理的集大成之作，相信每一位管理者在其中都可以找到自己内心的共鸣，找到能够指导自己经营管理实践的方法。

  宋志平和我因书结缘，在十多年的交流中，他在经营管理上的见解给了我很多启发，我也邀请他担任北京大学国家发展研究院 EMBA 课程的授课教授，他的课程常常令学生茅塞顿开，每次课程结束时学生都不愿离去，围着他继续展开深入的探讨。

  与宋志平相识，给我印象最深的是他的勤奋刻苦与平易近人。无论是过去出任大型央企的董事长，还是现在出任中国上市公司协会会长、中国企业改革与发展研究会会长，他都全力以赴、精神饱满地工作，真诚平实地对待每一个人。他每天很少有休息时间，不断走访企业，不断整理思考且笔耕不辍；他对中国企业成长事业的投入，对经营管理有效性的执着，对培养管理者与人才的关注始终如一。当我阅读他的新书时，这些感受愈加深刻。我想，当你读完这本书时，一定会有属于你的收获。

陈春花

北京大学王宽诚讲席教授

北京大学国家发展研究院 BiMBA 商学院院长

目录 | Contents

序　一本详尽的企业经营管理指导手册

第 1 篇　组织精健化

第 1 章　治理规范化　　3
　　管理代替不了治理　　3
　　伟大的公司需要伟大的董事会　　9
　　好的公司要有好的机制　　14
　　好的公司要积极承担社会责任　　21

第 2 章　职能层级化　　25
　　目标管理是分层次的　　25
　　公司总部需要决策高手　　27
　　业务平台需要市场能手　　29
　　工厂需要成本杀手　　31

第 3 章　平台专业化　　37
　　坚定业务发展的专业化　　37
　　打造专精特新"小巨人"　　40
　　做业务平台离不开痴迷者　　43

专业化分工而不分家	44

第 4 章　机构精干化　　　　　　　　　　　　53

防范"大企业病"	53
企业也要"剪枝"	56
建立学习型组织	57
加强企业干部的素养教育	63

第 2 篇　管理精细化

第 5 章　管理工法化　　　　　　　　　　　　75

整理整顿：一切从细节开始	78
三五整合：从规模扩张到有机成长	86
八大工法：企业制胜的法宝	92
六星企业：好企业的标准	94

第 6 章　成本对标化　　　　　　　　　　　　107

对标优化：降本增效的利器	107
KPI 管理：让管理者习惯用数字说话	109
零库存：加快资金周转速度	111
辅导员制：员工培养的长效机制	112

第 7 章　质量贯标化　　　　　　　　　　　　117

全员参与：做好质量，人人有责	117
贯彻系统的质量标准	119
一个脚印踩出金字招牌	122
五优策略：优技、优质、优服、优价、优利	123

第 8 章　财务稳健化　　　　　　　　　　　　127

全面预算管理的要点	127

	合理利用财务杠杆	132
	现金是企业的血液	134
	资金集中管理	138

第3篇　经营精益化

第9章　业务归核化　145

  按着常理做企业　145

  企业要聚焦看家本领　149

  业务布局要有限相关多元　153

  企业成长要有节奏　155

第10章　创新有效化　161

  创新是生产要素的新组合　161

  企业家的任务是有效创新　164

  创新有模式可依　167

  资本是创新的杠杆　185

第11章　市场细分化　193

  业务发展的三条曲线　193

  重视市场细分　195

  企业转型的方向　199

  客户是企业生存之本　211

第12章　价值最优化　213

  企业应掌握定价的主动权　214

  价本利：全新的盈利模式　216

  价值创造：产品与资本的协同共生　222

  做高质量的上市公司　228

后记　235

第1篇 组织精健化

企业的自发成长过程往往存在一定的盲目性。正如果树需要剪掉疯长的树枝确保多结果实，企业在成长过程中也需要不断地"剪枝"，以确保稳健的成长，从而实现经济效益和社会效益。组织精健化是围绕公司治理、管控模式、组织机构等展开的，它的核心目标就是建立精干高效的组织体系，解决企业在成长过程中的组织竞争力问题。企业间的竞争，归根结底是企业组织质量的竞争。

第1章

治理规范化

公司治理是企业规范化运行的基础，拥有规范的治理结构、高瞻远瞩的董事会和精干高效的经理层是企业长期经营与发展的根基。明确股东会、董事会、经理层的责权利是现代公司治理的核心。企业的内部机制作为公司治理的重要内容，就是要处理好企业效益和所有者、经营者、劳动者的利益关系，以前比较重视股东利益，今后要兼顾股东、经营者、劳动者的利益。

管理代替不了治理

我国有1.5亿个市场主体，其中，公司就有4800多万家。公司究竟是何物，公司到底该怎么运行？1994年，我国推行现代企业制度试点，提出要"产权清晰、权责明确、政企分开、管理科学"。那时，我在北新建材当厂长。北新建材最早叫北京新型建筑材料实验厂，后来叫北京新型建筑材料总厂。北新建材是国家的百户试点企业之一。《中华人民共和国公司法》（简称《公司法》）也是 1994 年开始实施的，以推动现代企业制度建设。我国还有一部《企业法》，过去企业都是按照《企业法》注册的。《企业法》下的厂长是法定代表人，而在《公司法》下有了股东会、董事会、监事会、管理层等一套组织机构。

公司的设立就产生了公司的治理问题，治理与管理有所不同。管理是以降低成本、提高效率和效益为目的，其要素是质量、服务、价格；治理是以防范风险、提升公司价值为目的，其要素是绩效和公司价值。管理主要强调管理层的内部控制，而治理主要讲的是投资者和经营者、决策层和执行层的行权规则。公司经营发展的过程，相当于一个设计和建造大楼的过程，治理做得好，大楼就能盖得高；治理做得不好，中间就很容易倒塌。现实中，一些公司领导人往往比较习惯做管理层面的工作，而忽视了在治理方面应该主抓的工作。实际上，管理是代替不了治理的。公司领导人在做好管理的同时，还要学会在治理上下功夫，不能简单地将治理看成限制管理层、控股股东的权利，而要看到它会让公司更规范且稳健地发展，在关键时刻还能保护你。

警惕刺破公司面纱

在公司治理中，最重要的是什么？那就是公司的独立性。我们创立一家公司，一定要知道这家公司是独立的，这里的"独立"指的是什么？那就是法人财产权独立。公司一经注册，就应是企业法人，拥有独立的法人财产，享有法人财产权。公司以它的全部财产对自身的债务、法律诉讼承担责任，从这个意义上说，公司是社会的。虽然股东出资注册了公司，但是它不完全归股东所有，股东的意志是通过股东会选举董事会和依法派驻董事来实现的。现实中，我们一定要清楚独立性对公司的意义。

现在常见的有限责任公司、股份有限公司中都有"有限"两个字，如何理解呢？股东出资是有限的，所以股东所负的责任是有限的，但相应的权利也是有限的。从某种意义上说，《公司法》也是保护股东的。股东出资 100 万元注册了公司，出于经营不善等原因，这家公司破产了，为什么会破产？那就是资不抵债了。这里的"资"指的是什么？指的是公司独立的法人财产权中的"资"，而不是公司股东自己的所有资产，这是有本质区别的。有限责任意味着不能超越股东的权利去干预这家公司，不得做出幕后交易、操纵公司等过分伸张权利的行为，否则公司就不独立了，进而引起连带诉讼，股东就要承担无限责任。这就是法律中所谓的"刺破公司面纱"，又叫公司人格否认。

我认识一位在国外开公司的朋友，他有一辆汽车，税务部门要求他把这辆汽车一年里的汽油费、保养费等各种费用划分清楚，有多少是为公司花费的，有多少是为个人花费的，不能把个人产生的费用放在公司里报销。而我们国内有的公司领导人认为公司就是自己的，以公司名义从银行贷的款先给自己买汽车和房子，儿子娶媳妇、闺女出嫁、家人旅游等所产生的费用都在公司里报销，或者转移资产掏空上市公司，最后公司出了问题甚至倒闭。这个问题的根源在什么地方？那就是公司治理的问题。公司领导没有真正理解公司的概念，不懂得公司的独立性和股东的有限性意味着什么。在公司里，股东可以分红，可以改组董事会，但是不得动用公司的资金，不得侵占公司的利益，哪怕是独资公司也不行。

在上市公司里，我们怎么做？控股股东、实际控制人与上市公司应当实行人员、资产、财务分开，机构和业务独立，各自独立核算、独立承担责任和风险，即要求"三分开，两独立"。有的公司主营业务上市之后，母公司想要发展，为了避免同业竞争，往往会选择开展新业务，而开展新业务本身就存在很大的风险，母公司原有的那些人员往往又不再是具体业务的经营者和管理者，那么怎么办？就从上市公司那里吸取资源去扩张业务，于是利用上市公司的资产去担保和融资等。这样，母子公司的债权债务就搅到一起了，从左口袋到右口袋，最后母公司负债累累，上市公司也被拖垮了。所以，公司的独立性至关重要，我们一定要知道股东的责权利都是有限的，一定要把其中的界限分清楚，独立进行经营，不然就会出现上面提到的那些问题。投资者一定要知道自己投资的企业是独立的，尊重自己所投资企业的独立性，尤其是集团公司和所投资的上市公司之间的关系要清清爽爽，真正做到"三分开，两独立"。

我国公司治理水平这几年已经有了跨越式发展，但仍需进一步提高。亚洲公司治理协会每两年发布一次《公司治理观察报告》，对亚洲12个国家和地区的公司治理水平进行排序，中国内地的排位并不靠前。南开大学中国公司治理研究院院长李维安教授的课题组每年公布一次中国上市公司治理指数，我国上市公司的治理水平逐年提高，到2021年我国上市公司治理指数均值创历史新高，但不到70分。当我问他上市公司治理指数的均值达到多少分才合适的时候，他回答说至少80分。也就是说，我国上市公司还要继续努力，建立良好的治理文化，其中很重要的一点就是要理解和维护公司的独立性，通过股东会、董事会等进行规范的治理，而不是传统的家族式管理，也不是政企不分的、母子公司不分的、上级管下级的穿透式管理。

过去两年里，我给1万多名上市公司的"董监高"（即董事、监事、高级管理人员）做过培训。培训时，我经常问他们有没有读过《公司法》、新《证券法》，并不是所有人都回应说读过，有的人甚至认为这是董事会秘书（简称董秘）的事。这可不只是董秘的事，而是"董监高"自己的事，不然公司出了事自己要承担责任时还不知道这是怎么回事。所以，"董监高"一定要认真学习法律法规，一定要认识到公司治理的重要性，建立规范的治理结构，形成真正权责明确的制衡机制。

引入积极股东

公司治理中的一个重点是防止内部人控制。这里，通常有两种倾向：美国上市公司由于股权高度分散，大多数第一大股东只持有2%～3%的股份，所以美国上市公司的内部人控制是指公司被管理层控制，公司治理的重点是要尊重股东的利益，听到股东的声音。而中国上市公司的第一大股东平均股份份额在40%以上，一些上市公司容易被大股东控制，中小股东尤其是散户股东的利益得不到尊重，也听不到小股东的声音，所以中国上市公司的内部人控制是指公司被控股股东控制，公司治理的重点是要保护中小股东的利益。可见，中美上市公司虽然均提到了防止内部人控制，但着眼点和着力点是不同的。

那么，如何解决一股独大的问题呢？不管是国企还是民企，都要认真思考。国有企业改革三年行动提出要支持和引导国有股东持股比例高于50%的国有控股上市公司，引入持股5%及以上的高匹配度、高认同感、高协同性的战略投资者作为积极股东参与公司治理。这样做的目的是什么？那就是引入积极股东，让董事会真正发挥作用。

这么多年我的经验是，尽量在股本结构设计里多引入一两个持股5%及以上的积极股东，即二股东、三股东，他们在董事会里有一个席位，就能构建一个多元化的董事会。好处是什么？这使公司经营更加公开、透明、科学，避免一股独大。

股份制的核心是多元化。现代产权制度已经证明，无论是国有企业还是民营企业，拥有多元化股东的企业要比单一股东的企业经营得好。也就是说，单纯的国有企业和单纯的家族企业，在经营上一般不及多元化的股份公司。所以，企业必须引入积极股东。

中国建材集团有限公司（简称中国建材）有13家上市公司，中国医药集团有限公司（简称国药）有7家上市公司，从这么多年的实践来看，引入积极股东的公司经营得都不错，像中国建材旗下的中国巨石和北新建材可以称得上是上市公司治理最佳实践。这两家公司除了有中国建材股份有限公司

（简称中国建材股份）的股份外，还有民企的股份、社会的股份，股权结构合理，治理规范，经营业绩都非常好。

提升内控的有效性

我曾问过法国一家做玻璃的世界 500 强企业的董事长："你一年中最大的工作是什么？"他说有两件事情：一是分配薪酬，二是抓公司内控。我当时心里一愣，董事长要管公司内控？但回顾各个企业这么多年来所出现的种种乱象，细想一下，就是因为公司内控形同虚设。

公司审计包括内部审计和外部审计。我国上市公司的董事会里有审计委员会，每个公司都有审计部，每年都要做内部审计。但是有些公司做得并不好，董事长也没把内部审计作为一项重点工作来抓。董事会应发挥好不同专业委员会的职能，尤其发挥好审计委员会的职能。

除了董事会外，我国公司还有监事会。过去央企里有国务院派驻的监事会，那是外部监事会，现在按《公司法》设置的监事会是内部监事会。监事会是监督董事和高管的，但坦率来讲，我国公司监事会的职能还有待进一步加强，有些公司的内部监事会形同虚设，开完董事会后由一两名职工监事念一念决议，这件事就结束了。如果监事会的作用得到了充分的发挥，公司里就不至于出现乱象。所以，我们要提高监事会的权威，加大监督力度。这对董事会来说不是坏事，因为有内部监督是更好的。在公司治理中，应当发挥好监事会的作用，监督好董事会和管理层。如果内控、内部审计都做好了，就可以少犯一些错误。

上市公司在强化内部审计，充分发挥内控机构功能的同时，还要支持律师事务所、会计师事务所等外部审计机构的独立性，确保各个治理环节操作的透明性和规范性，特别是在信息披露等重要环节上不能干预外部审计机构的独立性，从而保证公司发展的稳健性和经营绩效的真实性。

伟大的公司需要伟大的董事会

董事会是企业的大脑，是独立做决策的。美国学者鲍勃·加勒特在《鱼从头烂》一书中借用"鱼从头烂"这个谚语，强调"组织健康的关键在于有一个考虑周到、尽职尽责的董事会作为企业的核心"。董事会建设是公司治理的一个核心问题。伟大的公司需要伟大的董事会，企业有没有一个好的董事会是非常关键的。

董事会要有一定的独立性

董事会作为股东会的信托组织，是公司的领导层和决策层，是企业决胜市场的战略性力量。董事会代表谁的利益？一般认为董事会是经过股东会选举产生的，当然要代表股东会的利益，而经济合作与发展组织（OECD）的《公司治理原则》认为，董事会要代表公司的利益，股东利益和公司的利益有时是一致的，但是有时是不一致的。所以在西方，董事会的董事们可能由股东会选举产生，也可能由股东推荐，但是一经选举成为董事，要求董事会是独立的，要代表公司的利益，要对公司负责，股东会不能操纵董事会。其实，这又是很难理解的事。董事是公司推荐派出的，最后还不听公司的话，这怎么能行呢？实际上，股东不可能去做决策，做决策的不可能去经营，所以股东会委托董事会，董事会委托经理层，就是"两分开"：把投资者和经营者分开，把决策者和执行者也分开。但是，企业往往做不到"两分开"，如果股东会和董事会什么都管到底，就会是个大问题。

在《公司法》下，股东只对有限出资负责任，但是董事要对公司负无限责任。公司是独立的，股东的权利是有限的，责任也是有限的；而董事会和董事也都是独立的，都要对公司负责，董事还要对自己负责，不仅负民事责任，还要负刑事责任。董事有诚信的义务，一人一票投票后要签字，签字意味着责任。在我国香港,公司违法首先追究董事的责任,这也就是香港公司要给董事买责任保险,对于非主观上的责任给予补偿的原因。所以,做董事不只有光鲜的一面,还有责任和风险。

董事会不是千篇一律的,和每个国家的文化沿革、制度等相关。在德国公司的监事会制度中,职工监事在监事会里占了很大比例,即使别国企业收购了德国的公司,相关人员进入监事会还需要过程。德国的公司里有战略委员会,有时也叫董事会,但不是真正的董事会。日本的公司又叫株式会社,其会长就相当于我国公司的董事长,但日本的会长是不管事的,主要担当总顾问的角色,社长相当于 CEO、法定代表人。我国公司里有董事会、监事会、经理层,这套体系是比较完备的。法定代表人可以是董事长,可以是总经理,也可以根据公司章程来确定,但是绝大多数企业都是由董事长做法定代表人。

董事会的发展过程经历了三个阶段:

第一个阶段是仪式型董事会,董事长资历比较老,董事们资历尚浅,一般来讲,会上董事长说了意见,大家举手表决,董事们没有什么发言的资格。当年我们开展百户试点时,基本就是这种情况。企业大多是"一套人马两块牌子",董事长、总经理是一个人,或者一拨人分分工,董事会成了变相的党政联席会,而且当时也缺少社会改革配套的大环境。

第二个阶段是开放型董事会,或者叫解放型董事会。20 世纪 90 年代,英美上市公司的丑闻不断,英美的公司治理运动也是这个时候产生的。2000 年左右,美国发生了世通、安然事件,后来就出台了《萨班斯 - 奥克斯利法案》,这是一个防止公司营私舞弊、对董事会和经理层严加约束的法案。这又带来另外一个问题,虽然强调董事一人一票,但谁都怕负法律责任,经常是"一人一把号,各吹各的调",董事会的运作往往和经理层形成尖锐的对立,意见统一不起来,导致董事会的决策效率低下。美国人又讨论这个问题,美国公司最大的特点就是冒险、创新,如果董事都不愿意负责任了,保守决策，公司就失去了竞争力，进而影响公司的绩效。

第三个阶段是积极进步型董事会。董事会是引导公司前进的战略性力量，对公司的经营发展负有主要责任。如果公司做不好，那就要解散董事会；总经理做不好，有时董事会可能也有责任，因为董事会要选择好经理层的班子成员并指导经理层的工作，授权给总经理，这并不意味着免责。这就是西方人讲的委托代理制度。什么叫委托代理？那就是股东自己不经营企业，而是委托董事会，董事会也不直接管理企业，进而又委托经理层。委托代理如果做得好就会降低交易成本，如果做得不好反而会增加交易成本，就是这样的逻辑。董事必须在企业发展和减少风险这个两难选择中做出平衡，为企业发展创造价值。通过一个错误的决定和否决一个正确的决定，董事同样都负有责任。否决一个正确的决定可能责任更大，因为企业错失了长远发展的机会。

2016年，全国国有企业党的建设工作会议对国有企业的党建工作做了非常细致的安排，也对国有企业现代公司治理机制提出了新的要求。习近平总书记强调，建设中国特色现代企业制度要做到两个"一以贯之"，即坚持党对国有企业的领导是重大政治原则，必须一以贯之；建立现代企业制度是国有企业改革的方向，也必须一以贯之。比如，党委书记和董事长"一肩挑"，党委书记和董事长原则上由一人担任，专职党委副书记进入董事会，解决了过去"两张皮"的问题。企业要准确把握党委、董事会和经理层的权责边界，党委把方向、管大局、促落实，董事会定战略、做决策、防风险，经理层谋经营、抓落实、强管理，把加强党的领导和完善公司治理统一起来，加快形成权责法定、权责透明、协调运转、有效制衡的公司治理机制，促进制度优势更好地转化为治理效能。

开好董事会要把握关键原则

北新建材1994年根据《公司法》进行改制，1996年挂牌正式成立北新建材（集团）有限公司并成立董事会，我开始做董事长。从那时到2019年退休，我做了23年的董事长，这23年里做过工厂改制的董事长，做过A股上市公司北新建材的董事长，做过中国建材的董事长，做过国药的董事长，还做过香港H股上市公司中国建材股份的董事长，做了这么多的董事长，还是有一些体会的。

过去我们学习过"淡马锡模式"，新加坡淡马锡是一家国有企业，但是它的决策机制市场化了，10名董事中现在只有一名执行董事是内部的，其余董事都是外部的，很多是国际知名的专家学者。我在中国建材和国药当董事长时，中国建材的董事会共11名董事，6名是外部董事，5名是内部董事。为了保持公司的独立性，避免内部人控制，所以外部董事占多数，现在央企或国企基本都是这样。国药是9名董事"三三制"，内部董事有3人，总经理、党委书记、纪委书记兼工会主席；国务院国有资产监督管理委员会（简称国资委）外派3名董事；另3名董事是聘请的社会精英。这个结构非常好，有不少是专家董事，对国药的发展起到了非常好的推动作用。

开好董事会是董事会运作的基础，也是董事履职的关键环节，下面几点格外重要。

一是让董事们充分掌握信息。这是正确决策的前提。在董事面前，公司没有秘密可言，要让董事真正成为"家里人"。公司要提前10天或更长的时间，给董事们提供议案的详细信息，不仅如此，还要让他们能够见物见人。

我是2002年3月做中新集团（现更名为中国建材）总经理的，仅7个月后，集团所属企业北新建材就与世界500强的新日铁公司、丰田公司以及三菱商事株式会社3家日本知名公司在建设薄板钢骨体系住宅项目中合作，并创立了"北新房屋"。虽然投资规模不大，但是丰田公司的副社长立花先生特意来到北新建材考察，丰田公司合作的原则是见物见人，他看到了井然有序的厂区，更重要的是他感受到了北新建材的管理理念，愿意建立合作。

后来，我把"见物见人"这一原则用到了中国建材和国药的董事会决策实践中。我到国药的第一年，几乎把所有的工厂走了一遍。百闻不如一见，董事决策一定要见物见人，不能纸上谈兵。对大型项目、重要合资和收购项目要进行大量的实地调研，与对方的总经理、一把手见面商谈，掌握第一手资料。让董事掌握公司的全面信息，既包括好消息也包括坏消息，这一点很重要；否则，就会影响他们做出正确的判断。

董事也要通过多种渠道，尽可能详尽地了解行业形势和企业情况，认真学习研究，从外行转为内行，不断提高履职能力，做称职的董事。我刚到国药工作第一年的"十一"长假，买了8本供投行了解医药行业的书，整个假期哪儿也没去，就在家里读了7天的书。除了读书外，我还到国药的基层企业去调研，渐渐把医药的业务框架在头脑里构建了起来。也正因为如此，在国药工作的5年间，同事们从没把我当成外行看待。

二是要把议案做好。议案质量一定要高，要把需要审议的事情说清楚，数据资料等要尽量翔实。议案不成熟会影响决策效率和质量。

三是充分讨论。我开董事会通常是一天的时间，上午9点开始，中午有个午餐会，大家一起吃点盒饭，然后一直开到晚上9点，再吃顿饭，相当于晚餐会。我希望让每个董事都能积极地发言，从不同角度审议项目，集思广益。有一次，上级领导要看看我是怎么开董事会的，听了一上午，临走的时候说："你这董事长当得不容易，左一勺右一勺的，处处都得平衡好。"确实，当董事长是个很难的差事，既要让大家充分发表意见，又要协调起来，做出一致性的决定。如果开一天董事会做不出一两项决策，效率极低，就会影响公司的发展。

从中国建材和国药两家企业来看，在我主持董事会那些年中的重大决策事项，董事会都进行了认真的审议，有时是激烈的讨论，也有讨论不下去休会的情况，个别沟通后再开会讨论。在国药的时候，曾出现过一个项目上了三次董事会才审议通过的情况，这说明董事会做决定的慎重。董事会还要坚持现场唱票，按规范的程序做事，很有仪式感，仪式中蕴含着原则。

四是董事会要议大事。战略问题、重大决策、选人用人等，这些要经过董事会。但是，董事会不应该是一个事无巨细的组织，不能越过经理层去管执行层面的事情，该授权的要授权，要做到规范决策、合理授权。董事会应该做到：既要为经理层防范风险，也要为经理层提出创造公司价值的导向。

五是注重与强势董事之间的沟通。比如，总经理就是强势董事，他有他的看法，怎么与他交流呢？还有在董事会里，有个席位是召集外部董事的主导董事或首席董事，这个人往往也很强势。其实，无论是国企、民企还是上市公司，都有强势董事，作为董事长，要注重与他们充分沟通。

六是独立、开放、包容的董事会文化。董事会能否开好，从根上说，反映了一个企业的董事会文化。我一直提倡独立、开放、包容的董事会文化，建立互相沟通、团结协作的董事会，不能是一天到晚吵架的董事会，这也是董事长的任务，需要董事长相当包容和睿智，因而做好董事长也是一门很有学问的艺术。

回忆起来，我在中国建材和国药做董事长这么多年，重大决策基本上都是对的。能做成事，有两点很重要。一是认真寻找规律，按着规律去做，做正确的事，正确的选择越不过规律的边界。二是商业向善，所做的事要考虑社会、员工以及其他各相关方的利益，如果总想着坑别人、损人利己，是行不通的。所有的决策归根到底都与价值观有关，也就是说，它们都是在价值观驱动下进行的决策。

好的公司要有好的机制

在公司里，激励机制、分配制度等都属于公司治理的范畴。好的公司要有好的内部机制。什么叫机制？它就是企业的效益和经营者、技术骨干、员工利益之间的正相关关系。企业的效益好了，经营者、技术骨干、员工的利益就会增加，这就是正相关关系，就有机制；若不存在正相关关系，就没有机制。

企业的最终目的是让社会更美好

企业需要赚钱，但是赚钱只是目的之一，企业的最终目的应该是让社会更美好。

1972年成立的美国商业圆桌会议，是由近200位美国大公司的首席执行官组成的商业组织。自从那时起，该组织多次重申"股东至上"的原则，认为企业的唯一目的是让股东利益最大化。这个原则对世界各地企业的影响都很大，我国不少企业也深受它的影响。

到了2019年，该组织发现过去的那个提法失之偏颇，于是联合签署了《公司宗旨宣言书》，宣称企业的目的应该是让社会更美好，企业不仅要考虑股东利益，还要兼顾其他利益相关者的利益，比如客户、供应商、银行、社区等，尤其是员工，员工是重要的利益相关者。该组织重新诠释了企业的目的，这让我们认识到企业的目的发生了根本性的改变，当然，这不是说股东利益不重要了，而是说只重视股东利益还远远不够。

今天谈论的两极分化、共同富裕，不只是中国的问题，美国等也面临同样的问题。《共赢：觉醒商业的实践》是一本由美国作者撰写、北京大学教授翻译的书。书中提出了觉醒商业、觉醒企业、觉醒企业家的概念，其中觉醒企业有三重底线：环境、社会责任、利益相关者，只有恪守这三重底线，企业才叫觉醒企业。商业要觉醒，企业要觉醒，企业家也要觉醒。美国提出觉醒企业的概念已经有段时间了，我们也要很好地研究这些问题。

结合中国的语境，如果用一个词来概括觉醒企业等概念的话，那就是共享,可以用共享的理念、共享的经济、共享的企业来达到社会共同富裕的目的。

企业是实现共同富裕理想的基石,而这和机制有关。到底应该是什么样的机制,到底利益该怎么分配?这始终是企业要面对和解决的问题。过去,企业分配很简单,就是按所有者投资比例分红。现在,企业既需要金融资本,也需要人力资本,这两种资本都应该作为生产要素而参与企业财富的分配。尤其是今天的新经济和高科技时代,我们更应该重视人力资本,而不能只重视金融资本。

共同富裕中提到了三次分配。要想形成橄榄型的收入结构,创造更多的中产阶层,企业在初次分配中就应引入机制,进行合理分配,让劳动者、人力资本都能获益。这不等于把所有者的财富都分给劳动者,而是大家一起把饼做大,都分到更多的饼,不仅给投资者创造财富,也给员工和社会等创造财富。

未来社会将会形成一个共享经济的格局,不仅会出现更多的共享企业,还会产生共享型企业家群体,而不再是掉到钱眼里出不来的"土财主"。当然,这不是杀富济贫,也不是搞平均主义、吃"大锅饭",而是为了实现企业所有者、员工和整个社会的共赢。这代表着我们未来的发展方向,也是我们企业界觉醒的标志。

从激励机制到共享机制

其实,机制也不是新东西。清朝的晋商就设立了一种机制:银股和身股。银股就是东家、金融投资者(金融资本),身股就是经营者,包括掌柜、账房先生和伙计。到了年底分红,东家分50%,掌柜、账房先生分25%,伙计分25%。这种分配机制,让一大批优秀的晋商繁荣壮大,平遥票号当年就是这么做起来的。

今天，任何企业都存在着机制问题，国有企业机制要改革，民营企业有天然的机制基因，但并不是每个民营企业都有好的机制。这里有两个关键点：一是所有者的开明，二是机制的科学有效。其实，设计一套好的机制是不容易的。华为的成功靠什么？有两点很关键，就是企业家精神和"财散人聚"的机制，这是倒逼出来的，华为当年很困难，很多人认为任正非做不下去，没钱发工资，打白条给员工。最后怎么办呢？他的父亲建议与其这样，不如把股权分一分，结果增强了企业的凝聚力，华为走出了困境，迅速发展壮大。今天任正非只有0.88%的股权，华为在重压下能众志成城，这个全员持股的机制起了大作用。

在机制上，国企也有做得非常好的，比如万华化学集团股份有限公司（简称万华）。万华过去是一家生产人造革的小企业，现在发展成为世界闻名的化工企业，号称中国的"巴斯夫"，2021年净利润有246.5亿元。习近平总书记2018年到万华考察时说了一段发人深省的话，"谁说国企搞不好？要搞好就一定要改革，抱残守缺不行，改革能成功，就能变成现代企业"。我专门到万华学习了一次，与万华的廖增太董事长进行了一次长谈，到底万华靠的是什么？廖增太告诉我，万华靠的是内部机制，一是科技分红，技术人员如果创造了效益，万华会提取15%奖励技术人员，一提五年，这是真金白银的奖励。所以，他们很有积极性。二是员工持股，烟台国资委持股21.6%，员工所持的20%由两家持股公司各持10%，加起来做一致行动人。也就是说，万华的员工持股，不是把公司的股票分给每个人，而是作为一个资金池，由持股公司持有股票，员工在持股公司里有股份，持股公司每年只派发现金给大家分红。如果员工持股都量化到个人，每个人在股价高的时候就会抛售，这样就没有股份了，也就失去了激励作用。万华的这种做法对员工来说始终有激励作用，而且员工退休后还有股份，员工去世的时候万华才把股份回购，将钱给到员工家属，股份不继承。这一套机制吸收和留住了人才，使得万华实现了超常规的发展。

央企中的海康威视在机制上也做得特别好，我去这家企业参观学习过。它的前身是在太原的一家研究所，18年前搬到杭州，杭州这个地方市场化程度高，那时就引入了16%的员工持股。2010年上市后，海康威视又先后做了五次限制性股票计划，2015年后又做了跟投，公司核心员工出资跟投创新业务子公司的股权，形成共创、共享、共担的事业平台，促进企业和员工共同发展。受益于这些机制，这家公司近年来每年都有100多亿元的利润。

中国科学院西安光学精密机械研究所（简称西安光机所）的改革也很有代表性，真正把科研事业系统、企业成长机制和市场化经营结合起来，实现了市场化人才机制改革，投资理念有了突破，所里支持技术人员创业，在创业公司中，所里只参股不控股，等等。西安光机所的改革，改出了一片新天地，最重要的是建设了一个共享的平台。这么多年来，西安光机所引进80多个海外创业团队，孵化300多家硬科技企业。

我过去做企业的时候，也在机制改革上做了一些探索。1993年年初，我刚当北新建材厂长时，这家工厂发不出工资，每天有几百人迟到早退，不干活。我后来跟工人们谈："怎么才会干活？"他们说："好多年没有分过房子，好多年没有涨过工资了。"我说："涨工资、分房子，钱在哪儿？钱在大家的手里，大家努力工作，有了效益，盖两栋宿舍楼不算什么，涨点工资也不算什么。"后来，我就在工厂挂起了两个条幅，一个条幅上写着"工资年年涨"，另一个条幅上写着"房子年年盖"，调动了大家的积极性。

当时北新建材有条从德国引进的石膏板生产线，热烟炉经常熄火，产能总是不达标，本来是年产2000万平方米的生产线，结果，10年里年产始终都没超过800万平方米。我当了厂长后，工人们让我这位年轻厂长去点火，说不定就不会灭了。我举着火把扔了进去，点燃了热烟炉后对周围的工人讲:"其实,我最想点燃的是你们心中的火,如果你们心中没火,炉子里的火就会灭;如果你们心中有火,炉子里的火就不会灭。"我当厂长的第一年,这个炉子里的火没有灭过,第二年石膏板产能就达标了,年产超过 2000 万平方米。我后来经常反思这件事:到底发生了什么,让一个每况愈下的工厂恢复了生机。这让我联想到读 MBA 时,有位老师曾解释过什么是"冷漠":在鱼缸里把吃鱼的放在一边,把被吃的鱼放在另一边,中间隔着一个玻璃板,吃鱼的撞了无数次玻璃板之后,认定被吃的鱼是吃不到的,把玻璃板撤掉,它们就和平共处,这就是"冷漠"。早期的国有企业干多和干少都一样,干和不干也一个样。当工人们的想法总得不到满足后,他们就冷漠了。每年都盖房子和涨工资的承诺兑现后,工人们的积极性高涨,企业就快速发展起来了。后来,北新建材改制上市,现在是一家绩优的上市公司。

2002 年,我前往有关院所进行调研,了解到合肥水泥研究设计院(以下简称合肥院)在机制方面的问题。过去,合肥院一度连工资都发不出来,怎么办呢?合肥院就采取了所谓"大船搁浅,帆板逃生"的做法,以 6 个处室为单位,实行员工持股,成立了 6 家公司。结果,这 6 家公司做得越来越好,合肥院反而经营不善,正所谓"富了和尚穷了庙",盖章还是院里的钢印,但是赚的钱是大家自己的,和院里没有关系了。我想这不行,就提出院里占 70%,员工持股公司占 30%,进行重新调整。结果,技术人员不肯干了。后来,我和他们谈了整整一天,靠自身的谈判能力说服了他们,这就是我在中国建材"舌战群儒"的故事。这些年合肥院效益非常好,每年都有五六亿元的净利润,还没有应收账款,这就是员工持股的优势。

合肥院的"七三模式",让员工分享了利益。有一次,一位干部去了合肥院后回来就问我:"这次到合肥院发现了个问题,其中一家公司去年的分红比例有些高,现在银行的利息才多少?"我这样回答道:"你认为它应该多分还是少分?多分的话,我们院里不是分得更多?我是赞成多分的,因为那么多人才分 30%，院里分 70%。如果少分，我们的机制还有什么用，不能捡了芝麻丢了西瓜。"机制能解决技术人员利益的问题，但是更重要的是为企业发展注入了强劲的创新动力。

近几年，中国建材所属中联水泥则采用超额利润分红，做法很简单，就是制定利润指标，超额部分提取 15%，按照"127"进行分配：一把手和主要负责人分 10%，班子其他成员分 20%，员工分 70%。班子成员基本上都是一正两副，固定的分成比例也让管理团队始终保持精简状态。这个办法非常有效，实行超额利润分红后，中联水泥的利润大幅提升。中国建材所属贵州西南水泥这两年也采用了超额利润分红，调动了管理人员、技术人员和员工的积极性，每年利润大幅增加。

总的来看，我们讲的企业改革和机制改革，最后的落脚点是机制的创新，还得依靠管理人员、技术人员和员工等，他们得有积极性。机制创新并不神秘，如果企业有好的机制，能算清账了，要做的事就行得通。正如任正非所言，华为发展靠的是"认同、分钱"这四个字。"认同"，即进了华为就要认同华为的文化，认同任正非的企业思想；"分钱"，即要有机制，分好钱就能有更多的钱，钱要分不好后面就没钱了。企业的核心是能不能分好钱，利益的关系能不能处理好。如果利益关系处理不好，企业最后就赚不到钱；如果利益关系处理好了，企业就能赚更多的钱，优秀的员工就会来，还不会走，最后还会有好的客户，所以分好钱很重要。

不管国企还是民企，谁能破解机制的难题，谁能有好的机制，谁就能发展得快、发展得好。一般而言，企业要注重两件事：一是精神和文化，二是物质和机制。如果企业在文化上有欠缺，就要在文化上下功夫；如果企业欠缺机制，就要在机制上下功夫。

我是机制主义者，2019 年临退休的时候在从法国回来的飞机上写了一篇文章《共享机制：推开国企改革最后一扇门》。2022 年是国企改革三年行动收官之年，国企改革一项重要的内容就是要把机制做好，深化三项制度改革，在考核分配、中长期激励、职级晋升、荣誉奖励等方面形成"政策包""工具箱"。其中，中长期激励包括员工持股、上市公司股权激励、科技型企业的股权分红、超额利润分享、跟投等。

今天我们的企业要找到一种好的机制，兼顾效率和公平，实现与利益相关者的共赢。共享机制，是深层次的，也是这个时代需要的，真正地激发大家奋斗的东西。在这样一个时代，企业要开明，把创造的财富分配给员工一部分，使企业成为一个社会、股东、员工的利益共享平台。

好的公司要积极承担社会责任

在 40 年的企业生涯中，我始终认为，企业不能只重视经济指标、财务指标，还应该重视社会效益和社会责任。尤其是企业家，应该把社会责任放在第一位。当然，企业的财务指标也非常重要，只有好的财务指标才能持续支持社会责任的履行；同时，良好的社会责任和社会效益反过来也能支持企业正确地经营、持续地发展，进而增加经济效益。对上市公司来讲，良好的社会责任和社会效益也可以提高公司市值，得到广大股民的喜爱。

就经济责任而言，企业可以通过资产负债表、现金流量表、利润表和其他财务体系指标来衡量。那么，企业的社会责任、社会效益有没有一个指标来评价呢？我们已经探索了多年，经历了一个从CSR（企业社会责任）到ESG的演变过程，使得企业的社会责任可以得到量化。现在除了财务体系指标，我们的企业还有ESG这样一套对社会效益的评价体系，投资者对此会特别关注，这个意义很大。只有良好的财务报告而没有良好的ESG报告的企业不是好企业，只有财务报告和ESG报告均优秀的才是好企业。

ESG是什么呢？E指的是环境（environmental），S指的是社会（social），G指的是公司治理（governance）。ESG是可持续发展理念在企业微观层面的具体反映，是对上市公司的综合评价，也是从环境、社会和公司治理三个方面对上市公司可持续发展及长期投资价值进行评价的重要衡量维度。相比CSR，ESG的最大区别是什么？那就是增加了公司治理的维度，要重视利益相关者的利益。公司治理有深层次的文化背景，过去企业注重管理，现在要从管理到治理。公司是一个独立的市场竞争主体，不能仅依靠上级管理，还要依靠公司规范的治理机制来发挥作用，所以必须加强公司治理。进一步提升中国上市公司治理水平，是我们要努力做的工作。

美国、英国、法国等发达国家对上市公司均有ESG报告的强制要求，这些年中国香港也强制要求上市公司披露ESG报告，明确不披露即解释的原则。在中国深入推进"碳达峰、碳中和"的战略背景下，我们观察到，越来越多的上市公司坚持以"绿色引擎"驱动企业高质量发展，建立健全ESG内部制度体系和管理框架，在推动可持续发展方面发挥了很好的示范作用；同时，上市公司ESG信息披露正在朝着更加规范化的方向发展。据统计，主动进行ESG信息披露的上市公司的数量和比例逐年增加，2009～2021年披露ESG相关报告的A股上市公司从371家增至1112家。这说明中国上市公司ESG披露工作已有长足的进步。现在不论是中国证券监督管理委员会（简称证监会），还是上海证券交易所（简称上交所）和深圳证券交易所（简称深交所），抑或是中国上市公司协会，都在积极推动ESG报告的披露。

我国资本市场开放后，摩根士丹利指数等评级指数将国内业绩优良、发展潜力大的上市公司也纳入进来，现在国际投资机构一般都很重视优秀公司ESG报告的披露。国际投资机构在购买中国上市公司股票时有一个关注点，那就是有没有披露ESG报告，披露ESG报告的才会被优先购买。这样，一方面企业要发挥能动性，积极披露 ESG 报告；另一方面，外部环境也会督促企业加快推进 ESG 报告的披露。过去年报主要以财务报告为主，今后再加上 ESG 报告，这样才能完整说明一家上市公司的整体运营情况。通过推动 ESG 报告的披露，可以提高上市公司的综合质量。

中国建材自 2017 年以来，每年都发布 ESG 报告。2019 年，中国建材可持续发展报告获得"金蜜蜂 2019 优秀企业社会责任报告·领袖型企业奖"，这是自 2010 年以来第五次获得此项殊荣。我在金蜜蜂 CSR 领袖论坛上做过一次演讲，题目就是"站在道德高地做企业"。君子爱财，取之有道。道是什么？道就是我们的社会责任。一滴水可以映射出大海的光芒，中国建材虽然是一家企业，但是透过这家企业的行为表现，我们可以看到整个企业界在社会责任履行方面的进展。

第 2 章

职能层级化

一般来说，企业都可以划分为投资中心、利润中心、成本中心。当企业规模小的时候，可能是一个部门担当其中一个中心的角色，甚至还有可能同时担当多个中心的角色。当企业成长为集团公司的时候，集团总部担当投资中心的角色，把握资源配置和发展的方向；业务平台担当的是利润中心的角色，主要是做好市场开拓、产品定价和集采集销等；而工厂则担当成本中心的角色，主要是加强管理、提高质量、降低成本等。比如，中国建材是投资中心，南方水泥是利润中心，而南方水泥所属的每个工厂是成本中心。集团公司是投资中心，所有投资决策都要由这个层面来决定，成员企业规模再大都不应该有投资决策权。

目标管理是分层次的

职能是指人、事物、机构所应有的职责与功能。从人的角度来看,职能一般指的是职责,就是处于一定岗位的人完成自身任务的能力;从事物的角度来看,职能通常是指事物的功能;从机构的角度来看,职能一般是指机构所承担的任务、职责和权力、作用等。

企业的发展离不开人,尤其还要把合适的人放在合适的岗位上。有的人喜欢研究投资等决策问题,就安排在集团总部层面工作;有的人善于市场经营,就安排在业务平台公司工作;有的人擅长控制成本,就安排在工厂工作。让大家各尽其才,发挥他们的长处。

从企业层级的视角,不同层级的企业可以明确定位为投资中心、利润中心、成本中心,它们分别承担不同的任务,具有不同的职责和权力,发挥不同的作用等。投资中心,一般由集团总部担当这个角色,不从事具体的生产经营性活动,只负责战略管理、资源整合、投资等决策,目标是成为"决策高手"。利润中心,通常是由具有区域性(比如水泥这样"短腿"产品市场下的南方水泥、中联水泥等)或单一产品线(比如家电市场的空调产品线、冰箱产品线等)的业务平台担当这个角色,负责市场开拓、集采集销、经营优化等,目标是成为"市场能手"。成本中心,一般是由从事生产或制造性活动的工厂担任这个角色,它们的任务主要是在生产或制造过程中要保证产品和服务的质量,把成本控制在合理的范围内,以及保证产品和服务全过程的安全环保等,目标是成为"成本杀手"。

职能层级化,是指不同层级企业履行不同的职责和实现不同的功能。其实,这些企业虽然层层都是有限责任公司,但在公司章程中可以做些规定,让不同层级的企业在经营过程中担当不同的角色,实现整体性的协同效应。中国建材实施分层次的目标管理,把投资中心、利润中心、成本中心分开,明晰各层级的重点工作与任务,确保行权顺畅、工作有序。

当然,上述三个职能层级之间也不是完全分开而没有联系的。投资中心的一些决策建议往往来自成本中心,比如一个水泥厂可能有新的改造计划或扩张计划，就会逐级报上来，最后由投资中心来决定是做还是不做，主要关注点是资金能力、成本中心和利润中心的业务规划。这有什么好处？投资要由总部来控制，否则很难控制，因为每个分部或成员企业不知道整个公司总体有多少钱，如果大家都去投资，那么公司总体的资产负债率就会控制不住。利润中心的集采集销和每个工厂也都是连在一起的，这里有一些内部的沟通和协同。

中国建材集团总部就是一个投资中心，不从事像水泥厂这样的直接生产经营活动，只负责战略管理、资源管理和投资决策。中国建材旗下的南方水泥、中联水泥等业务平台都是利润中心，它们的任务是把握市场，及时掌握产品的变化、价格的走向，积极促进市场稳定，提高市场的话语权和控制力，推动产品更新换代，协调公共关系，实现利润最大化。业务平台所属的工厂是成本中心，它们的任务是在保证质量的情况下探索生产或制造过程中的成本最小化。这三个层次分得越清晰越好，不要让它们之间有过多的交叉，比如工厂是成本中心，不要让它参与到市场中去卖产品、定价格，而是在工厂里研究成本、品质、合格率、消耗等。企业管理要有一些原则和立场，三个职能层级就是原则和立场，要切分得很清晰，只能做这个，不能商量，也不允许存在某种灰度，否则，就很容易打乱仗。

公司总部需要决策高手

职能层级化必须明确的是，决策项下、资本项下的重大决策权都收归集团公司总部，所属公司只有投资建议权。有的所属公司管理者如果认为自己擅长做投资，那就调到集团总部工作，但留在所属公司的就只能扎扎实实地做好管理工作。在中国建材的成本中心这一层级，规模再大的工厂也没有投资权。每个工厂都有做大的想法，但是对一个工厂的投资动辄几十个亿，如果由着它们各自去扩张，那就全乱套了。所以，中国建材就让大家放下"武器"，明确自己的层级和权力，集中心思做好自己的事情。比如水泥厂想做"水泥+"，要建设一座商混站或建一条骨料线，需先上报到担当利润中心角色的企业，经过利润中心研究后再上报给投资中心，最后由投资中心来做出决定。

整个集团是收支两条线，生产运营性的资金和投资性的资金之间不能相互挪用。过去有的工厂是自成系统，进入中国建材后就不能再做投资决策，它们的主要任务就是生产，这也有一个思想转化的过程。很多跨国公司子公司就是这样，投资50万元的权力都不一定有，因为投资是跨国公司总部的权力，但生产运营项下上亿元的资金都可以动用。如果把生产运营资金拿去投资，也是不允许的。上述方面的要求向来都很严格，因为一旦在投资和行权方面出问题，企业就会彻底乱套。曾有一家国内的日资公司买辆二手车都需要总部派人来看，感觉很低效。不妨认真想一想，它们为什么要这么做？虽然效率低了些，但从整个集团的投资决策来看，这样做是符合规则和章法的，会促使整个集团的运作更加稳健。

2005年，中国建材集团成立董事会时，邀请的外部董事具有很高的战略水平。其中，姜均露董事是原国有重点大型企业监事会主席，有宽泛的视野和格局，相当于当时的董事召集人，林锡忠董事是五矿集团原副总裁，曹德生董事是中国兵器工业集团原副总经理，王振侯董事是中国铁建的原总经理，张健董事是中国有色矿业集团原总经理，郭建堂董事是中国水电建设集团原总经理。这些外部董事都是决策高手，作为董事会成员，他们对中国建材的战略布局发挥了重要作用。实际上，中国建材水泥业务的联合重组等重要事项，都是在董事会的正确决策下开展的，混合所有制改革也是如此。鉴于这些外部董事过去并不是做建材的，见物见人就格外重要，我不仅请他们到水泥厂参观，还邀请中国水泥协会前会长雷前治等专家为他们做报告，加深他们对水泥行业的认识，他们都以极大的热情投入工作。中国建材的快速稳健发展，确实得益于历届董事会，这就是我们常讲的"伟大的公司需要伟大的董事会"。

公司决策的高手，不见得是董事长一个人，而是有一个强有力的董事会。2009 年，我兼任国药集团董事长，那届董事会很有特色，外部董事也很优秀。在董事会成员中，内部董事占 1/3，国资委系统的外部董事占 1/3，社会专家占 1/3。比如，刘存周董事原来是哈药集团的董事长，陈文浩董事是上海财经大学知名的财务专家，林建董事是新加坡淡马锡企业的高管。国药集团推动的多项重大联合重组等事项，就是在这届董事会的指导下进行的。

业务平台需要市场能手

从经济学的视角来看，有规模的企业需要关注两件事：一是组织的外部性或组织优化，二是规模效应。中国建材的快速成长归功于联合重组，在资产做大的同时，企业的组织规模也越来越大。每一家企业都有自己的市场、采购、财务、投资和技术，每位经理都想把这些工作管起来，这就增加了成本，进而产生了组织的负外部性效应。

作为重组而来的公司，中国建材的成员企业过去各自为战，采购、销售、融资成本都很高，技术资源不全面，管理基础参差不齐，还存在市场交叉、内部竞争的隐患。中国建材根据自身情况，开展有效的管理整合，将管理聚焦为营销集中、采购集中、财务集中、投资决策集中、技术集中五大部分，即"五集中"。它的内涵就是要求平台性区域公司在规模适度的条件下，通过集中统一配置各种资源和要素，达到提高资源使用效率，提升企业经济效益，实现组织高效运转的管理方式。"五集中"对症下药，将重组进来的企业聚合为一个整体，解决了组织的负外部性问题，实现了规模效益和协同效应。

这里重点讲一下集采集销，也就是内部采购和销售的协同。比如，南方水泥拥有100多家工厂，不能每家工厂都分别采购煤炭，每家工厂都单独卖水泥，而是要由业务平台公司集中采购、集中销售，这样才能发挥协同效应，控制成本，提高效益。

通过集中采购，充分运用集团采购的优势，改变由各家单体工厂独立采购原燃材料、备品备件的做法，整合分散的采购资源形成"大市场"资源，吸引更多的供应商参与竞价，极大地降低了采购成本，减少了物资供应方面的风险，提升采购效率。像南方水泥加强与中煤集团、同煤集团等企业之间的中长期战略合作，分区域开展市场煤炭集中招标采购，节省了大量成本。

通过营销集中，以组织机构整合为牵引，打破过去成员企业各自为政、独立开展市场营销的状况，建立统一的区域市场格局，制定统一的营销策略，优化营销资源、组织和渠道，提升企业整体的市场控制力和话语权。南方水泥成立之初，在长三角区域设有7家区域公司，管理数十家水泥企业。伴随着公司的迅速发展壮大，区域公司之间市场边界不清、内部相互竞争、运营效率低下、管理成本居高不下等问题逐渐显现，进而成为制约公司发展的突出问题。2013年，中国建材通过区域市场的合理规划，将南方水泥的7家区域公司整合为2家，整合了组织机构和人力资源，理顺了市场边界和产销关系，建立了适应营销集中和管理协同的新型营销管理体系，极大地提高了管理效率，降低了管理成本。

南方水泥董事长肖家祥是2009年南方水泥成立时，从市场中百里挑一进入中国建材的。他不仅是一位水泥专家，更是一位"市场能手"。水泥行业的重组，实际上就是市场的整合。重组后，如果市场不能被整合，那么水泥价格也很难恢复，重组就会背上一个沉重的包袱。企业重组后有两点很重要，一是内部整合，二是市场整合。内部整合相对容易一些，而市场整合相对要难，因为市场中不仅有中国建材，还有海螺、红狮等同行企业。如果水泥企业依然打乱仗，那么行业价格就难以稳定。为此，肖家祥一方面对整个南方水泥内部进行了整合和优化，另一方面对外部市场也进行了有效的整合，整个东南地区的市场很稳定。

工厂需要成本杀手

按照相应的职能定位，集团公司、业务平台公司、工厂三个层级分别需要的是决策高手、市场能手、成本杀手。降低成本是企业管理的一个基本点，中国建材所属的各企业深入推广并实施格子化管控、八大工法、六星企业、增节降工作法、九宫格等特色管理的"组合拳"，持续降本增效，实现了管理水平的大幅提升。

在成本杀手方面，首推的是中国巨石总裁张毓强，他是2000年中国巨石和中国建材重组上市时加入公司的，是中国建材早期的混改型企业家。他是一位非常精明、非常精细的企业家。为什么他能把玻璃纤维做得好？实际上他抓住了三点。第一，他靠自学熟练掌握技术。现在，中国巨石的产品在全球都是一流的，玻璃纤维不再用传统的叶蜡石等矿石，而是将更加广泛的产品纳入配方，大大地降低了成本。第二，他精通国际市场，比较早就开始在北美、欧洲市场布局。现在，中国巨石在美国、埃及建了工厂，分别面向北美市场和整个欧洲市场，成功地应对了西方对中国玻璃纤维的反垄断，维护了公司在全球的客户市场。第三，他精通工厂的精细管理，推出增节降工作法，降低成本。

泰山石膏有限公司（简称泰山石膏）曾是一家独立的公司，后来与北新建材进行了联合重组，成为北新建材的全资子公司。贾同春一直在泰山石膏担任董事长，已有二十多年了，他对工厂管理得非常细致，是一位难得的工厂管理型人才。北新建材采用的是双品牌战略，泰山石膏和北新建材的石膏板有所不同，北新建材定位高端，主要服务于一些高端用户，而泰山石膏定位中端，比龙牌石膏板的价格便宜，主要服务于广大城镇市场用户。这样泰山石膏的压力就会很大，因此必须降低成本。贾同春是一位非常优秀的"成本杀手"，他管理的工厂是成本最低的。在原材料方面，他不仅采用脱硫石膏、磷石膏，还推广使用发泡剂的新技术，减少石膏的用量，进而降低成本。此外，他还积极争取一些税收优惠。虽说泰山石膏的石膏板价格相对较低，但它的成本也比较低，这么多年来，它的石膏板销量都是全国最大的，每年的产销量有十几亿平方米，企业效益一直不错。

浙江南方水泥的卓越降本行动

在节能减排、环保政策的压力以及矿山资源日益紧张的情况下，面对行业竞争压力，浙江南方水泥实施了卓越降本行动方案。追求全闭环管理，通过全员参与、定期回顾、分级督导、持续改善，推行有效的成本费用管控手段，浙江南方水泥实现了降本增效，提高了管理水平和市场竞争力。

"卓越降本行动方案"的起点是头脑风暴会，要求全员参与、全领域覆盖，上至总部部门，下至企业班组，每一个组织都可以分散或合并（以企业为单位或以部门为单位），定期开展年度或季度头脑风暴会。参会人员通过对深入末端细节的节能、降耗、降低采购成本、降低各项费用等目标提出问题和找出解决方案，最终汇总提炼出卓有成效的卓越降本行动方案，确定责任人、完成时间、工作目标。企业在设定卓越降本行动目标的过程中，不仅可以同往年指标完成情况进行对比，还可以与同类型其他企业进行对比，由里及外，通过活动进行充分的经验交流和技术共享，共同改进生产指标和管理水平。浙江南方水泥每年都会编制卓越降本行动方案，便于后续开展PDCA（计划—实施—检查—改进），评估执行效果和进行跟踪回顾。通过持续开展"卓越降低成本，提高管理水平，增强企业竞争力"系列活动，全体员工都参与到企业的降本活动中，从每个角落抠出降本点，积少成多，进而促使企业成本费用大幅下降。公司的经营班子、中层干部也会经常深入企业一线，调研企业成本的管控情况，并在多种场合强调企业在开展卓越降本活动中要谨记"一分钱不嫌少，一万元不嫌多"，时时刻刻都不能忘了成本节约。

在推进落实的过程中，这些卓越降本项目并不是一个个死板的任务，背后往往都有着鲜活的故事。比如，常山南方水泥为了完成"降低熟料综合电耗"这个项目，轰轰烈烈地开展了一场"漏风治理运动"。在水泥生产线中，一些细小结构上的漏风点往往难以避免，但它们会产生热量流失，从而导致能耗升高。为了将能耗控制在先进水平，公司还设了专项奖，鼓励大家到生产线上找漏堵漏。有了考核目标和激励机制后，这项本是烦琐枯燥的工作摇身一变，像"大家来找茬"游戏一样充满了趣味性。一时间，公司生产线上遍布手拿气体分析仪的员工，大家都兴致盎然地为生产线诊断，一旦找到漏风点位就测量计算、做好记号，并迅速采取措施修补。短短一个月时间，仅靠漏风治理一项，公司水泥的吨熟料电耗就下降了1度左右，产生了显著效益。可以说，卓越降本是企业改进生产技术指标和管理水平，提升市场竞争力的最可靠、最牢固的基础。

中国巨石的增节降工作法

中国巨石是全球最大的玻璃纤维供应商，多年来一直在规模、技术、市场、效益等方面处于领先地位。它原来是浙江省桐乡市的一家民营企业，成立于1993年，1998年与中国建材合作组建为股份有限公司，1999年在上交所上市。这家上市公司最初叫中国化建，后来更名为中国玻纤，现在改名为中国巨石。

中国巨石是典型的隐形冠军，2008年7月，公司成功实现了生产规模全球第一，由此打破了一直以来由美国企业占据世界玻纤行业第一的全球玻纤竞争格局，开创了"全球玻纤看中国，中国玻纤看巨石"的新局面。目前，中国巨石产品的国内市场占有率达40%，全球市场占有率达24%，2021年中国巨石实现营业收入197.07亿元，净利润60.28亿元。它的快速成长得益于优秀的企业人才，得益于持续的混合所有制改革，也得益于长年坚持不懈地推进管理创新。

中国巨石的管理很有特色，在长期实践中摸索出一套行之有效的增节降工作法。该工作法以项目管理的理念，系统规范了企业创新管理的方式，用全员激励的办法加速推进企业创新管理的步伐，以增收节支降耗为重点，促进企业发展方式的转变，为企业的新发展打造持续优化的核心竞争力。

增节降，顾名思义就是增收、节支、降耗。这套工作法经过不断地积累沉淀、提炼优化，对于中国巨石成为全球一流的玻纤企业起到了重要的支撑作用。2008年，全球金融危机席卷而来，市场行情风云突变，中国巨石60%的出口订单突然没了，可是停一个窑就会造成一两亿元的损失。抉择常常是艰难的，当时看着满满一仓库的积压产品，我与中国建材的几位高管心情非常沉重，最终，我们顶住压力咬牙坚持不停窑。走出困境只能靠自己，中国巨石在增节降方面下大力气，强化创新、夯实基础、增加效益，硬是挺过了那场危机，成为少有的持续盈利的玻纤企业，进一步巩固了其全球玻纤行业领军的地位。

在应对这次金融危机的过程中，中国巨石自主研发建造的年产12万吨玻纤池窑拉丝生产线功不可没。这条生产线的产能比普通生产线高出2倍多,完全是由中国巨石自主研发的,当初被业界称为异想天开的科研项目。中国巨石用纯氧燃烧技术提高池窑的熔化力和精确控制通路温度,同时大幅度降低能耗,减少废气排放;通过改进池窑结构及耐火材料,延长池窑的使用寿命也伴随着一道道难题被攻克,新的生产装备带来了生产上的革命性进步——能耗下降了50%以上,每年可节约成本6000万元。更重要的是,整个生产流程由此得到了精确控制,大幅度提高了产品性能。

作为行业领军企业,活要干一流的活,成本也要一流的成本,不能因为降成本影响水平,水平不能低,成本必须低。因此,要重视投资环节的精打细算,要抓住初始投资的"三桶水"。同时,也要追求直接生产成本控制,正所谓"干毛巾也要挤出三滴水"。中国巨石各个生产基地的投资都不小,从项目建设一开始就精打细算,在生产经营过程中,更是克勤克俭,为市场竞争赢得主动权。

中国巨石推行低成本战略,成本控制体系贯穿于研发、生产、采购、销售等各环节和各个工厂及职能部门。公司将成本费用分为固定成本、半变动成本及变动成本,每个预算指标取三年内最低指标。各工厂及职能部门每月分析自身各项成本费用,及时加以改进和控制。

在经营方面,中国巨石强化科技创新,其高端产品比重达到66%,自主研发了E6、E7、E8、E9配方并申请了国际专利,实现了向电子纱等高端产品的过渡。在玻璃纤维大型无碱池窑、中碱池窑、高强玻纤生产三大领域,拥有了世界一流的自主核心技术,通过了ISO 9001、ISO 14001等多项管理体系的认证。

通过持续不断地推行增节降工作法,过去十几年间,中国巨石产业规模从几十万吨提高到140万吨。与之形成鲜明对比的是,在500多个工作节点上开展成本控制和技术创新,员工人数从1.2万人降至8000人,年节约成本超过2亿元。目前,增节降工作法正在对中国巨石全球竞争战略的实施起到越来越重要的支撑作用，也是它持续打造企业新竞争优势的必胜法宝。

中国巨石位于桐乡市的智能制造基地堪称世界一流，生产线上的不少环节都使用了机器人作业。通过建立智能制造新模式，它进一步实现了节能减排，降低了环境资源消耗。

经过多年锤炼和总结的增节降工作法是中国巨石决胜市场竞争的利器，不仅让中国巨石降低了成本，也成为中国建材"管理精细化"的重要内容。中国巨石作为中国建材"三精管理"的标杆企业之一，还将经验成功推广到整个玻璃纤维行业、水泥行业和钢铁等建材相关行业及周边企业，产生了更为可观的社会效益和经济效益。

第 3 章

平台专业化

"平台专业化"中的"平台"主要是指利润平台,而"专业化"指的是突出主业的专业化发展。比如,中国建材旗下的南方水泥、北新建材、中国巨石等,这些利润平台原则上都要专业化,南方水泥只做水泥、北新建材只做石膏板、中国巨石只做玻璃纤维,而不是成立一个南方建材,让它同时做水泥、石膏板、玻璃纤维。只有这样,才有可能将这些平台打造成专精特新"小巨人"或隐形冠军,协同构建强大的市场竞争力。

坚定业务发展的专业化

关于业务发展的多元化和专业化,一直以来人们都有不同的看法。在工业化早期,大多数企业的业务都较为单一,因而走的是专业化道路。随着经济的迅速发展和机会的不断增多,不少企业逐渐开始实施多元化战略,但随着市场竞争的加剧,更多的企业无法分散资源,只能集中资源回归到专业化道路上来。韩国现代、日本三菱、中国香港的长江实业和华润集团等都是典型的多元化公司,一直秉持专业化发展的日本新日铁、韩国浦项钢铁等公司近些年也进入了全球不动产业务领域。但坦率来讲,能做好多元化的企业少之又少,大多数企业是沿着专业化道路发展的。实际上,很多企业自始至终都坚持专业化道路,而且做得非常好,遍布世界的隐形冠军企业就是很好的例证。

那么,企业在专业化与多元化之间到底应该如何抉择呢?换个比较形象的说法,企业究竟应该"把鸡蛋放在几个篮子里"?如果企业把鸡蛋放在一个篮子里,那就必须放对了,否则,一旦这个篮子出了问题就会全军覆没;如果企业把鸡蛋分放在多个篮子里,虽然风险分散了或安全系数大了,但篮子太多又会增加成本。由于多元化发展对企业的投资水平、管控能力、财务管理等都提出了更高要求,许多中小企业未必有足够的驾驭能力,因而专业化是更好的选择;在专业化的基础上,大企业可以根据需要开展有限的多元化业务,建立风险对冲机制,构建业务组合力。

事实上,业务的专业化和多元化各有利弊。专业化可能牺牲了多元化所带来的增长机会,而多元化容易分散企业有限的资源。但是相比较而言,专业化可能更好些,因为企业的人、财、物等资源往往是有限的,即使在大企业开展多元化经营时也要有所限制,要进行有限相关多元,业务一般也不要超过三个。过去讲到央企不得超过三个主业时,有人一开始不是很理解,觉得企业这样会失去发展机会。十几年过去了,我们回头看,企业围绕主业发展规避了很多风险,中国建材、国药这两家企业虽然规模也很大,但由于它们聚焦在一个专业领域,它们的规模越大,进而在行业里的影响力就越大。所以,它们一路走来相对稳定,反观有的巨无霸企业投了十几个行业,虽然加总起来规模很大,但在每个行业里都无足轻重,这就像在沙滩上盖大楼,肯定会轰然倒下。

平台专业化，指的是集团的成员企业都应该是专业化的平台公司，控制业务幅度；而集团的整体业务可以是有限多元化，形成对冲机制。打个比方，集团公司相当于体委，子公司不是多面手，而是一个专业队，如乒乓球队只打乒乓球，排球队只打排球，篮球队只打篮球，等等。中国建材所属的水泥公司、玻璃公司、新型建材公司都是专业平台，每个平台只做一种业务，这就是平台专业化。

海天味业是一家拥有300年品牌历史的公司，始终做的就是调味品领域，以酱油为主，现在市值几千亿元，真的不简单。那么，海天味业做得这么好，靠的是什么呢？海天味业董事长庞康这样说：

- 一是务实。这么多年没去做别的业务，没去做房地产等投资，也没赚过热钱、快钱。
- 二是专业。扎扎实实、心无旁骛地做酱油等调味品，做到极致。
- 三是规范。这家企业曾是国有企业，经过两次转制，转成了一家民营的上市公司，但是它还保留了过去那些做国有企业时严格的、规范的要求，传承了这样的一个文化基因。海天味业的双八项规定，对干部有严格要求，从董事长做起，领导班子没有一个家属在企业里工作，这样就做到了公平公正，所有规定对大家都一视同仁，所以这家企业管理得特别规范。

它的股本结构也很稳定，海天集团持有59%，实际上是一个全员持股公司，管理层另外持有15%的股份，加起来就是74%，散户、机构持有的在外流通股只有26%。海天味业做得很扎实，业绩一路向上，所以市场才给了它那么高的市值。

打造专精特新"小巨人"

专精特新企业是由中小企业成长而来的,指的是具有"专业化、精细化、特色化、新颖化"优势的企业,而专精特新"小巨人"则是其中的佼佼者,它们长期深耕细分市场,创新实力强、市场占有率高、成长性好,掌握核心技术,处于产业链、供应链的关键环节,对补链强链、解决"卡脖子"难题等具有重要支撑作用。

目前,我国已培育三批 4762 家国家级专精特新"小巨人"企业、五批 596 家单项冠军企业,带动了各地培育省级"专精特新"中小企业 4 万家,入库培育"专精特新"中小企业 11.3 万家。"十四五"期间,中央财政计划安排 100 亿元以上奖补资金,再培育 1 万家专精特新"小巨人"企业,优质企业培育库范围不断扩大。

资本市场也开辟了北京证券交易所(简称北交所),让符合条件的企业对接资本市场,为专精特新中小企业提供更多资金支持。相关数据显示,目前至少有 300 多家"小巨人"公司已在 A 股上市,它们主要集中在创业板和科创板,且机械行业的公司数量最多,符合"优先聚焦制造业短板弱项"的政策指引。

未来,多层次的资本市场结构将从多方位、多环节、多领域支持"小巨人"上市公司茁壮成长:北交所新三板可承纳并服务初具规模的专精特新企业;A 股市场尤其是创业板和科创板则支持相对成熟的"小巨人"上市公司加大创新投入,加快技术成果产业化应用,逐步成为中国制造领域的"隐形冠军"。

专精特新企业中既有许多已经称得上"单项冠军"的企业,也有更多最有希望成为"隐形冠军"的"种子选手"。欧洲债务危机时,有着强大制造业的德国一枝独秀,成功度过危机。它靠的是什么?就是拥有那些大量在业内享有盛誉而又鲜为人知的隐形冠军企业。

关于隐形冠军，赫尔曼·西蒙给出了三个标准：市场份额排名全球前三；销售额低于50亿欧元；没有很高的知名度。按照这三个标准，赫尔曼·西蒙在世界上一共找到2734家隐形冠军。其中，德国1307家，美国366家，日本220家，中国68家。当然，这个数据也在不断更新，赫尔曼·西蒙在2019年中国国际进口博览会期间的隐形冠军发展高峰论坛上提到，迄今为止共发现了92家"中国籍"隐形冠军，而在德国则多达1400余家。

德国有这么多的隐形冠军，是有诸多原因的。第一，与生俱来的国际化思维。德国是一个拥有8000多万人口的国家，由于国内市场规模有限，注重出口业务和国际化是德国企业的一种偏好。第二，"慢就是快"的企业哲学。这些"慢公司"在诞生之初就积极将每年营业收入中相当比例的资金投在研发上，不盲目扩张，不滥用资本，日复一日、年复一年，它们熬成了百年老店、隐形冠军。第三，精准主义。德国有制造钟表等精密机械的历史，工匠精神在制造业中得到了很好的传承，直到现在还比较崇尚专业化的技术和精细的工艺。比如，辛恩手表有氩气除湿技术、防刮伤涂层等多项专利和技术创新，为了方便消防员在极端环境下使用，辛恩手表能在 $-45℃ \sim +80℃$ 的环境下表现良好。

我们讲"宽一米，深一千米"，"宽一米"就是有业务专长，在一个细分领域里技术领先；"深一千米"是指市场开拓方面可以做得多一些。依托专业化的技术和国际化的市场两大支柱，隐形冠军以一丝不苟、精益求精的工匠精神，在窄而深而不是浅而宽的领域做到极致。比如，德国的福莱希公司（Flexi）是可伸缩拴狗带的市场领导者，它的产品已经卖到世界上100多个国家，全球市场占有率达到了70%。义乌有家双童公司，主要生产塑料吸管，没有太多的技术，但是做精了，在全球市场的占有率达30%，在中国市场占有率达 70%，每根吸管的利润只有 0.08 分钱，但每天生产 1.7 亿根吸管，全年产值也有 2 亿多元。这类企业展示的"小而美"的生存优势耐人寻味。

　　隐形冠军给我们的启示是：中小企业要做专业务，拓展国际市场；大企业要突出主业，细分业务，形成若干个隐形冠军，再用平台专业化的方式分类管理。按照这种管理方法，中国建材玻璃纤维、石膏板、装备制造等领域涌现出不少隐形冠军。中材叶片（全称是中材科技风电叶片股份有限公司）是全球专业的风电叶片整体方案提供商和服务商，深耕行业 14 年，具备年产 1000 万千瓦风电叶片的设计产能，产业化、规模化水平位居行业前列，2015 年开始跃居全球风电叶片市场占有率第一，近几年全球平均市场占有率超过 10%。中材叶片作为全国制造业单项冠军示范企业，在风电叶片行业已成为中国龙头企业、全球知名企业。

　　制造业是立国之本、强国之基。培育更多隐形冠军企业对振兴实业和制造业具有重要现实意义，可以弥补我国在某些产业链的弱项环节，迈向产业链中高端环节。打造"隐形冠军"不见得是要跻身全球前列，成为省、市等区域市场的前三名也是可以的，也不见得一定要达到 50 亿欧元的营业收入。如果我们有 2000 个隐形冠军，在国际市场上就会获得更多竞争优势，中国将成为制造强国。

　　后来，我进一步研究过这个问题，要按照赫尔曼·西蒙的标准去做，大部分企业可能还真的一下子做不到，因为我们国家企业多、规模相对小，也不可能都跑去做国际市场，主要还是做国内市场和区域市场。我们推出的是专精特新"小巨人"和"单项冠军"，目前单项冠军企业的营业收入标准是 4 亿元人民币以上，而隐形冠军的营业收入标准是 50 亿欧元以下，这是有很大差距的。比如北新建材做石膏板 2021 年有 210.86 亿元的营业收入，中国巨石做玻璃纤维 2021 年也有 197.07 亿元的营业收入，可以称得上隐形冠军。所以，企业的成长应该先成为"小巨人"，接着成为"单项冠军"，再成为"隐形冠军",而培育大量的专精特新"小巨人"和打造一定规模的"单项冠军"是我国大力发展中小企业的方向。

做业务平台离不开痴迷者

这么多年,我在企业里有一项很重要的任务就是寻找企业家和企业的"一把手"。在这个过程中,我有个原则,就是要寻找那些精通专业、对专业有深刻理解的痴迷者。这些痴迷者对于自己的工作能够专心致志、孜孜不倦,一心一意做事情、做企业,干一行、爱一行、精一行,早晨睁开眼睛就想业务和工作的事,半夜醒来还是想业务和工作的事。

稻盛和夫曾回忆,当年他做企业时聪明的人都跑了,留下的那些看似木讷的人却做成了世界 500 强,木讷的人就是踏踏实实做这个行业的人。做企业就好比马拉松比赛,能笑到最后的人,一定不是那些过分活络、这山望着那山高的人,而是那些脚踏实地、有激情、能持之以恒甚至有些"一根筋"的人。

管理者要能把自己的工作讲清楚、把事情做好,因为其他事情能知道更好,不知道也不为过,关键是要把自己的一亩三分地种好、把自己的工作都掌握好。相反,一些"百事通""万金油"式的管理者,说起来天花乱坠,好像什么都懂,但说到自己的专业、自己的企业却支支吾吾说不清楚。

中国建材和国药很多业务平台的管理者都是痴迷者。南方水泥董事长肖家祥就是一位痴迷者。他曾荣获全国优秀企业家、全国优秀科技工作者等多项荣誉,是水泥行业的一面旗帜。2009 年加盟中国建材后,他通过坚持行业竞合理念,实施水泥错峰生产,引领了长江中下游水泥企业的价值回归和健康发展。在经济下行压力下,近几年南方水泥每年仍创造了 100 多亿元的利润。

中国巨石总裁张毓强是玻纤行业的痴迷者，他十五六岁时在浙江桐乡一家小乡镇企业开始工作，后来一步步努力，做出了一家大型玻璃纤维企业。他很有拼劲，四十年如一日精耕玻璃纤维领域，每天早晨6点就去工厂，晚上很晚才离开，凭着一种爱拼敢赢的精神，硬是带领中国巨石这家在当时名不见经传的地方企业，一跃成为"花开全球"的世界最大玻璃纤维生产商。

中复神鹰董事长张国良是位碳纤维痴迷者。他是学机械专业的，曾任连云港化纤机械局局长，后来改制下海。他是在2007年神鹰新材料公司和中国建材旗下中复集团混改成立中复神鹰时加入中国建材的。他是那种刻苦钻研的科学家型的企业家，能够连续48小时蹲在车间里调试设备，如果不是他这种顽强精神，我们不可能做出一流的碳纤维。

中国生物董事长杨晓明是国家863计划疫苗项目首席科学家，曾在中国生物集团兰州所和武汉所做过所长，后来国药重组时出任中国生物集团董事长。他也是一名科学家型的企业家，工作中是个"拼命三郎"，在研发新冠疫苗过程中因为劳累曾四次晕倒在现场，国药的新冠疫苗只用98天就研制出来了，为抗击疫情做出了重大贡献。

正是凭着这些"痴迷者"的韧劲和干劲，我们的企业才能闯过一个又一个难关，接连打破西方国家的技术壁垒，在"中国创造"的道路上不断前进。

专业化分工而不分家

中国建材是由联合重组发展起来的企业，独立核算单位有上千家。这么多企业怎么管理呢？怎样杜绝所属企业乱投资呢？其实不难，只要找到一套适应企业经营发展的管控模式就可以了。什么叫管控？所谓"管"，就是用好制度；所谓"控"，就是抓住关键点，不出大纰漏、不失控。管控是一整套体系，降成本、增效益、控风险都包含在其中。

格子化管控

无论是大型企业、中型企业还是小型企业，随着企业的发展，都会面临管控的问题。其实，企业管控就像个"鸟笼"，让企业在发展上有边界意识。企业在各个发展阶段都有必要进行管控。自然界中的各种动物和植物都有免疫力，在第一次受到侵害后产生抗体，形成防御系统以免除今后的类似侵害。但是，企业天生缺乏免疫力，靠一次次失败来形成免疫力太难，而且只要人一换，就可能重复犯错。免疫力的形成归根结底还是要靠管控制度，靠完善管控措施和风险应对措施。企业有强大的管控体系，面临大风险时，才有能力转危为安。纵观中国改革开放的历程，许多企业曾在不同时期辉煌至极，但很快就消失了。研究它们的兴衰史，不难发现，除了不适应经济和技术变化外，问题主要出在管控上。

具体来说，企业乱重点出在"两乱"上：一是行权乱，政出多门，不知道该听谁的；二是投资乱，投资决策不能高度集中。所以，管控说复杂也复杂，说简单也简单，管住了"两乱"，企业就能实现行权顺畅、步调一致、有序经营。同时，从经营的角度来讲，日常经营活动也需要有管控。除了创新、发展所创造的效益外，通过管控严防"跑冒滴漏"等方面的问题，也能间接出效益。当然只管住还不行，企业还要经营发展，还要有效益，要做到管而不死，放而不乱。

管控模式多种多样，而中国建材的办法是进行"格子化管控"。所谓"格子化管控"，指的是把集团里的众多企业划分到不同的格子里，每个企业只能在自己的格子里活动，给多大的空间，就干多大的事。就像盒装的巧克力一样会用隔板隔开，防止巧克力黏到一起，企业也是如此。

格子化管控包含治理规范化、职能层级化、平台专业化、管理数字化和文化一体化。这五点解决了企业的治理结构、职能分工、业务模式等问题，平衡了结构关系，并为实施科学管理和集团式企业文化融合提供了具体方法。

- 治理规范化，指的是按照《公司法》建立规范的法人治理结构，包括董事会、监事会、管理层在内的一整套规范的治理体系。
- 职能层级化，指的是实施分层次的目标管理，把投资中心、利润中心、成本中心分开，明晰各层级的重点工作与任务，确保行权顺畅、工作有序。
- 平台专业化，指的是集团的业务公司都应该是专业化的平台公司，控制业务幅度，而集团的整体业务可以适度多元化，形成对冲机制。
- 管理数字化，指的是强化精细管理，要让管理者习惯用数字思考问题，用数字说话。
- 文化一体化，指的是一家企业必须有上下一致的文化和统一的价值观。

实践证明，格子化管控是一套行之有效的管控方法。如果一个企业有一套严谨规范的管控模式、一面指引企业发展方向的战略旗帜、一个能够凝聚员工的企业文化，这样的企业基本上就不会出大乱子。

破除谷仓效应

"格子化管控"解决了大企业集团纵向管控的问题，那么横向沟通协作如何开展呢？怎样杜绝企业部门之间互相掣肘和下属企业恶性竞争的问题呢？美国《金融时报》专栏作家吉莲·邰蒂提出的建议值得重视，她在《谷仓效应》一书中将社会组织中的一些各自为政、缺乏协调的小组织称为谷仓，把这些小组织之间的不合作行为称为谷仓效应。我国正在进入大企业时代，避免集团企业之间的谷仓林立，破除谷仓效应，对我国企业提高内部协同能力和外部市场竞争力十分重要。

现代社会是个专业细分的社会，企业里更是如此，有的企业不仅设有各个不同的部门，还设有不同的分公司、子公司和所属工厂等。这些分工带来了巨大的效率，但也是以协调成本的增加为代价的。组织内由此形成了一个个小单元，这些小单元往往自成体系，对外比较封闭，也就是所谓的谷仓，而谷仓之间的鸿沟和纷争就是谷仓效应。

谷仓效应有点像我们常讲的山头主义和本位主义，后者更关注传统的行为动机和权力平衡，而谷仓效应则是从现代信息经济学角度对大企业病的诊治提出了新的视角。比如，谷仓只有垂直性管理，而没有水平性协同。即使垂直性管理，也常因看不清谷仓内部情况而忽视问题，一旦打开谷仓发现问题，已悔之晚矣。试想，如果一个大型企业集团的各个组织单元都是在一个个封闭的谷仓里运作，坚固高耸的谷仓隔断了内外联系，大家彼此看不到，也不知别人在做什么，这样各自为政往往会造成资源的巨大浪费和风险。

谷仓效应影响人们的全局观，削弱企业的整体效益，甚至会引发组织溃散。日本索尼公司是一家声名赫赫的卓越企业，但曾经因为分工过于精细，部门协调性和技术横向应用性不强，在随身听等产品开发上，几个独立的开发部门推出了互不相关的创新产品，引起了市场认知混乱。我国集团企业下面也有部分谷仓企业，不但在国内市场自相残杀，还跑到国际市场上互相压价、恶性竞争，带来不好的影响，给国家和企业造成了经济损失。

谷仓效应有它形成的客观性，这就是组织的分工。现代大型企业的规模使我们很难想象，如果不进行深入细致的分工，如何才能稳定和高效地运转。但由于制度上缺乏协调性，跨部门问题无人负责，人们存在"各人自扫门前雪，莫管他人瓦上霜"的心理，以致出现"分工容易而合作难"的现象。既然分工无法避免，那么，如何破除谷仓效应，处理好科学分工与良好合作的关系，做到分工而不分家呢？

　　破除谷仓效应首先要解决认知问题，应从战略层面认识谷仓存在的客观性和危害性。企业在经营中，既要看到部门的局部利益，又要看到企业的整体利益，树立为全局利益甘愿牺牲局部利益的大局观。

　　破除谷仓效应还要在企业制度层面精心设计。在战略布局和组织设计中，要取得集团统一管控与所属单元保持自治活力的最佳平衡；要通过强化垂直纽带和关键部位来确保集团必要的战略控制和信息掌握；各单元间要归并联合相关业务，减少部门间过度分工，通过部门业务适度交叉和分工合作体制建设来降低复杂度，增加协同性。此外，还要加强横向协同机制和信息共享平台建设，以减少信息壁垒和消极竞争。

　　破除谷仓效应的最佳办法是建立强大的企业合作文化。例如，Facebook采用开放式办公和网上沟通，使不同部门、不同员工之间的融合度大大增强。大型企业集团要重点加强管理层的团队意识，通过团队学习、人员交流、机制建设，强化各单元的文化纽带。中国建材每年举办所属企业干部培训班，增进了集团企业间干部们的交流和友谊，培训班同学微信群的建立对于破除谷仓效应是十分有效的。另外，人员适当流动，换换谷仓，也有利于大家转换角度，增强企业的协同效应。

文化认同

　　企业是个组织，一个组织要想运作好必须有统一的意志，不然就无法生存下去，当然就更谈不上创造效益了。中国建材一路走来主要是靠联合重组发展起来的，能不能让新进来的企业迅速融合非常重要。在联合重组过程中，被重组进来的企业一切都好商量，但是必须认同中国建材的文化，在文化一致的问题上没有商量的余地。因为如果"各吹各的号，各唱各的调"，那么中国建材就无法凝聚力量来实现协同效应。

中国建材相当于一个移民集团，企业文化相当于移民文化，在这里没有土著，大家都是在不同背景下、从不同地方加入的，大家共同拥有一个集团，而且它是开放的，会不停地有新成员进入。因此，我们提出了以融合为特质的"三宽三力"文化，即待人宽厚、处事宽容、环境宽松，向心力、亲和力、凝聚力。兼容并蓄，吸收他人有益的东西，大家相互融合、共同发展，这就是对这种文化的诠释。"三宽三力"的内容既不复杂也不深奥，但很适合联合重组的特点和要求。重组了那么多企业、那么多人员，不讲包容融合、不讲和谐发展肯定不行。

在"三宽"文化中，待人宽厚、处事宽容是对个人行为的约束，环境宽松是对企业环境的要求。"宽"不是没有原则，而是"宽而有度，和而不同"，实现个性与共性、和谐与规范的统一。在"三力"文化中，向心力是指子公司对母公司要有向心力；亲和力是指单位之间、员工之间要和睦相处，团结一心；凝聚力是指母公司对子公司的感召力、吸引力与引领力。"三宽三力"不是排斥性、灌输性的，而是不断扩展、不断进步、不断融合的。这种融合也不是强迫新进入者只接受集团原有文化，而是让每一个新进入者的优点得到发挥，并在发展中不断进行优势互补和再造。也就是说，"三宽三力"的文化是由大家共同积累和创造的，从中可以看到众多加盟者的缩影。这就解释了为什么新进入者会如此认同集团文化，甚至在第一天进入时就产生了归属感。因为他们进入中国建材，不仅是出于对集团的认同，更多的是出于对自己的认同。

企业文化是大家在企业经营实践中共同总结出来的，反映了大家的诉求，是企业的集体记忆。中国建材的企业文化是"创新、绩效、和谐、责任"，行为准则是"敬畏、感恩、谦恭、得体"。这些文化和准则一直实施了好多年，干部员工都了然于胸，并落实在日常工作和生活中。记得有一次中共中央宣传部（简称中宣部）组织新闻媒体到中国建材进行深度报道，有位新华社记者对我说，中国建材所属的这些企业挺有意思，无论问到哪个企业，都是讲一样的话。我对这位记者说，那就对了，说明我们的企业文化还是深入人心的。

国药的企业文化也是在不断重组整合中凝练而成的，我在国药做董事长时，一手抓企业的发展战略，一手抓企业文化的确立。在国药工作的5年里，很多人认为我的最大贡献是带领国药跻身《财富》世界500强行列，但我认为是在集团的战略定位中加上"健康"两个字，明确了国药要打造医药健康产业平台的发展目标。按照这个思路，国药的业务空间一下子增大了。在美国，医药业的GDP只有3000亿美元，整个医疗健康业却有3万亿美元。而在我国，药品行业的GDP目前也达到万亿级，而且每年还在以20%的速度成长，但健康产业是药品行业GDP十倍级别的大产业。

国药原来并不是一个制药集团，而是一家以医药流通为主营业务的企业。美国的医药分销、配送市场完全由三家企业覆盖，而中国有上万家卖药的公司，医药的物流分销体系存在多、散、乱的情况。时任国务院总理温家宝同志在《政府工作报告》中提到过，要推进基本药物集中采购和统一配送。可见，国家很希望建设一个国家级医药配送系统。国药可以承担起这个使命。

2009年9月国药控股股份有限公司（简称国药控股）在香港成功上市，在资本市场融资60多亿港元，之后利用融到的资金启动了全国大规模的联合重组，开始了国药网的建设，在全国先后收购了600多家医药企业，覆盖全国290个地级市，很快形成了遍布全国的药品物流分销配送网络。之后，国药用终端业务撬动上游产业，先后完成与中国生物技术集团公司、上海医药工业研究院、中国出国人员服务总公司的"四合一"重组，进入医药产业链的研发制药等上游环节。国资委评价这场重组为"合心、合力、合作"的典范，实现了资产上的联合、管理上的整合、文化上的融合。

在不断地重组整合和强化管理中，国药确立了"关爱生命、呵护健康"的企业理念，全面倡导"学习、和谐、责任"的中央企业责任文化，达到"国药一家"的观念融合、组织融合、工作融合，营造了国药合心、合作、合力、融合、联合、整合的良好环境，形成了聚精会神抓整合、一心一意谋发展、"新国药、新跨越、新气象"的良好氛围。

近几年，在我调研过的上市公司中，楚天科技股份有限公司（以下简称楚天科技）也是非常注重文化认同的一家公司。它成立于2000年，2014年在创业板挂牌上市。公司主营业务是制药装备相关产品和技术，致力于为制药企业提供专业化、个性化的制药装备解决方案及打造制药工业4.0智慧工厂，现已成为世界医药装备行业的主要企业之一。楚天科技也为这次新冠灭活疫苗的生产线供应了不少设备。

2017年，楚天科技联合控股股东楚天投资等斥资人民币11亿多元并购了世界著名医药装备企业——德国ROMACO集团。楚天科技在水剂类制药装备领域拥有强大的力量，而ROMACO集团在固体制剂领域拥有无与伦比的优势，这次并购合作大步推动了楚天科技一纵一横一平台发展战略的落地和产业链的完善。

楚天科技非常重视并购之后在文化、管理和品牌等方面进一步产生的融合效应。这种融合是双向的交流，楚天科技会派工程师到ROMACO集团学习、研究和深造，而ROMACO集团的很多工程师也会到楚天科技进行指导，这是一种深度的融合。另外，ROMACO集团将部分零部件委托楚天科技进行加工，这种双向合作不但促进了技术的提高，还促进了文化的融合，更促进了整个制药装备，特别是我国制药装备在生产技术水平上的提升。

第4章

机构精干化

规模是一把双刃剑，企业做得得心应手、规模适度才是最好。超越规模最大和基业长青，追求活得更好、活出质量，这才是企业存在的真正意义。而在企业成长过程中，往往有种自发的倾向，就是机构不断扩张和人员不断增多。这样，企业就很容易得"大企业病"，而且一旦得了就很难恢复。那么，该怎么防范呢？就是要通过管理有意识地去控制膨胀、缩小规模，在"减"字上下功夫。

防范"大企业病"

企业成长是有逻辑的，应该从大到强再到优：大是指规模，强是指核心竞争力，优是指盈利能力，也是业绩。像果树一样，先让它长高，然后长粗，再开花结果，硕果累累，需要这样一个过程。如果企业个头（规模）没有长起来，也没市场效应，就很难做强、做优。做企业先做大规模，产生规模效益也非常重要。但在经营过程中，企业有种自发的倾向就是机构不断膨胀和人员不断增多,这样就很容易得"大企业病"。

中国建材 2013 年秋天搬到西长安街边上的新总部大楼,搬家那天我给员工上了一课,告诫大家不忘初心,切忌患上"大企业病"。大企业病几乎是企业发展过程中绕不过的坎。我给大企业病归纳的六大特征是:机构臃肿、人浮于事、效率低下、士气低沉、投资混乱、管理失控,观察一下具体的企业,或有其一,或兼而有之,或全部有之。

在 2012 年中国经济年度人物颁奖典礼上,时任嘉里集团董事长郭鹤年先生给年轻创业者提出了四个忠告:一是专注;二是耐心;三是有了成绩后要格外当心,成功也是失败之母;四是有了财富后要回馈社会,而且越多越好。我曾读过《郭鹤年自传》,郭鹤年是位很有成就的企业家,从小很辛苦,在马来西亚一步一步地把企业做起来。他的四个忠告对我们来说都特别有用,对于第三个忠告,我印象尤为深刻,因为我们过去常讲失败是成功之母,却鲜有人说成功是失败之母。的确如郭老所言,企业获得成功后容易犯错误,一不小心,就会陷入危险的境地。

那么,该怎么防范"大企业病"呢?就是要通过管理,有意识地去控制机构和人员膨胀、瘦身健体,在"减"字上下功夫。企业在发展过程中不减就会膨胀,所以要不停地减。自 2016 年以来,中央企业按照国资委的要求,一直在推进瘦身健体、提质增效的活动,让企业"减肥消肿",增强主业的核心竞争力,显著提升自身的运行效率。而反观这段时间中,个别民营企业却借助影子银行和银行表外业务快速举债发展,最后陷入债务的泥潭。有不少民营企业总结认为,它们的主要问题是发展速度超过了自身的可承受能力。

过去,我们一直崇拜企业规模,也坚信企业的规模效益。但是,物理学家杰弗里·韦斯特在《规模》一书中,用大量的数据告诉我们:企业和生物一样都不会一直保持线性增长。百年老店的概率只有 0.0045%，也就是说，1 亿家企业中能生存 100 年的不过 4500 家。企业若能生存 200 年以上，则只有十亿分之一的概率，一些企业标榜有 200 年、300 年的历史，其实大多是有过中断的。麦肯锡研究显示，1958 年在美国标准普尔 500 强中的企业最长可保持 61 年，而今天只有 18 年；1955 年在《财富》世界 500 强榜单上的企业，到 2014 年也只留下 61 家。这些数据让我们警觉：企业在成长过程中会迎来成熟期和规模扩张期，但各种风险都可能让这些貌似强大的巨无霸企业轰然倒下。

韦斯特认为，新陈代谢率和规模承受力对成长施加了限制：为什么任何树木都不会无限制地长高？为什么动物不可能无限制地长大？为什么人的寿命终将有限？一切生物都不可能永远生长，企业的规模也不可能无限地扩张。他还对公司的规模极限进行了测算，并认为公司的最大资产额是 5000 亿美元，相当于 3 万亿元人民币。科幻片里的那些巨无霸动物在自然界中不可能存在，因为它们的腿骨根本无法承受超常的体重。一只蚂蚁可以驮起多只蚂蚁，一个人只能背起一个人，而一匹马很难驮起一匹马。这就是规模的代价。

改革开放初期，我们总是对西方大企业的营业收入着迷，进入《财富》世界 500 强榜单也是中国企业追求的目标。现在，我国在《财富》世界 500 强榜单上的企业数量已经超过美国，跃居首位。今后，我们可能不一定再刻意地去追求企业的规模了，或者说那个追求规模的时代已经过去了。大而不倒和大到不倒的逻辑有着根本性的错误，企业应该追求适度规模，不应继续用规模作为攀比的规则。

做企业要量力而行，根据市场空间和自身能力，做几亿、几十亿、几百亿都是不错的，不宜动不动就要定立世界 500 强目标，企业还是要稳健成长，不宜总讲跨越式发展，更不能拔苗助长。企业越大，管理成本越高，风险越多，一旦倒下对社会的危害也会越大，就像多米诺骨牌那样，一家企业倒下会砸垮一连串的企业。企业不一定非要做成巨无霸，规模是把双刃剑，企业做得得心应手、规模适度才是最好。超越规模最大和基业长青，去追求活得更好、活出质量，这才是企业存在的真正意义。

企业也要"剪枝"

企业自发成长的过程往往是盲目成长的过程。以前，我插队时做过农业技术员，在那个时候学会了两项技术，一项是给果树剪枝，另一项是高粱和玉米的杂交。其实，万物原理是相通的，我后来把剪枝的原理应用到组织精健化上，而把杂交优势的原理应用到国企和民企混合所有制的优势互补上。果树的剪枝，就是剪掉一些疯长的树枝，确保果树多结果实。企业也一样，在发展过程中，也要不停地"剪枝"，以确保企业的经济效益和稳健成长。其中，减少层级、减少机构、减少冗员至关重要，这不仅可以降低成本，更重要的是可以提高组织竞争力，提升组织活力。

在减少层级方面，中小企业的层级通常不要超过三层，即使像中国建材这样的央企也不要超过五层。大家都知道传话游戏，一句话传到第十个人那里很难保留原话的意思，这是无法控制的。中国建材按照国资委瘦身健体的要求，企业层级由 7 级减为 4 级，除了中国建材股份有限公司所属的南方水泥等特大型企业可以宽限至四级外，其他所有子公司均以三级为限，不得再向下延伸。2018 年，中国建材提前一年圆满完成国资委下达的三年压减总目标，累计减少法人 444 户，压减比例达 20%，目前在此基础上还继续压减，进一步轻装上阵。

在减少机构方面，2016 年 8 月原中建材集团和原中材集团两家央企重组，被称为"两材重组"，以此为契机，中国建材深入开展机构精简。两材重组后的三年里，中国建材总部部门由 27 个减为 12 个、人员由 275 名减为

150 名，二级企业由 33 个压减为 10 个，各级企业严格定岗定编，同一层级的机构尽量合并。

在减少冗员方面，中国建材集团总部以下采取"五三三"定员，即在业务平台层面，比如南方水泥公司定编 50 人；在区域运营中心层面，比如南方水泥的片区公司上海南方定编 30 人；在工厂层面，片区公司下边的水泥厂日产 5000 吨水泥熟料生产线定编 300 人并进一步精简精干。

新中国成立初期的甘肃永登水泥厂（苏联援建的第一个水泥厂）年产 200 万吨，相当于日产 5000 吨的水泥厂当时需要 1.2 万人；20 年前，中国建材在鲁南的两条日产 2000 吨水泥生产线需要 2000 人；目前一条日产 5000 吨的自动化生产线需要 300 人，而今天同样规模的最新的智能化生产线只需要 50 人，这 50 人都离开工厂也照样运转，中央控制室也都可以不需要人了。这是多么大的进步啊！管理上万人的工厂需要设置处室，管理上千人的工厂需要设置科室，而管理几十人的工厂设置班组就可以了，极大降低了管理成本。

建立学习型组织

面对快速变化的市场环境，在充分竞争的领域，仅仅依靠一两位优秀领导人的经验是不够的，仅仅依靠少数人的学习也是不够的，整个团队都要进行学习。为此，我一直把建立学习型组织作为做企业的一个基本目标，在北新建材担任厂长时，我提出"像办学校一样办工厂"；在中国建材的时候，我常对大家说的一句话就是，"把时间用在学习上，把心思用在工作上"。

学习型组织理论属于组织动力学范畴，它并不只是要大家多读几本书，也不只是讲学习或培训什么科目，而是告诉我们如何通过系统的学习和交流互动，使组织更具活力和生命力，实现不断进取、自我更新、整体提高的目标。企业里举办乒乓球赛等活动，目的不仅是锻炼身体，更重要的是增加员工之间的互动。

学习型组织之父彼得·圣吉认为，学习型组织要进行 5 项修炼：建立共同愿景、加强团队学习、实现自我超越、改变心智模式、进行系统思考。2017 年，《第五项修炼》在中国再次出版，彼得·圣吉邀我为新书写序，可能在他看来，我是学习型组织理论的"铁粉"，也是个成功的实践者。想一想确实是这样，我带领的企业都致力于学习型组织建设。建立学习型组织，是中国建材众志成城、跻身《财富》世界 500 强行列的秘诀。

通过深度交流统一思想

我主张企业要把各种会议开好，因为会议是一种非常有效的沟通交流形式。"磨刀不误砍柴工"，通过面对面的沟通交流、总结反思，可以让这个团队统一思想，加深对企业经营思路的理解。

中国建材每个月都会召开经营分析会，每次开会，各单位负责人都得自报 KPI（key performance indicator），数字摆在明面上，大家你追我赶，唯恐落后。过去国企里不少干部原来是做行政工作出身的，习惯于定性说问题，经过训练，都学会了用数字说话，KPI 背得滚瓜烂熟。民企出身的干部也有压力，从前大家挣多花多、挣少花少，现在业绩大排队，做得好脸上有光，做不好就感觉脸上挂不住了。

除了经营分析会外，中国建材还有半年会、年会、干部谈心会、开年谈心会、民主生活会等重要会议，这些都是建立学习型组织的有益尝试。在会上，我一般会跟大家讲一个来小时的话，内容主要是形势分析、战略思路、经营思想；然后，大家进行深度沟通，如介绍经验、讨论问题、交流心得、进行头脑风暴等。通过团队互动学习，大家统一了思想，加深了对战略和文化的理解。我常跟大家说，中国建材这些会议的学问很深，如果能坚持参加三年以上，就相当于 MBA 毕业了。

除了会议外，中国建材也一贯重视读书学习和培训工作。可以说，让干部员工多读书、多学习成了中国建材的一大管理特色。集团每年都会举办读书会活动，办公楼里设置了读书角，我每年都会推荐几本书并发给大家。其实，我本身就喜欢读书。记得刚来北京时，我的行李箱里塞满了书，工作后每个周末都会去当时的北京外文书店看书，工资也大都用于买书，走上领导岗位后也是书不离手，近些年还几次去《总裁读书会》节目分享读书心得。

有人认为，企业家不需要学习，企业家办公室内书柜上的一大堆书都是摆样子的。这是不正确的。正所谓"知行合一"，企业家一边要实践，一边要学习，二者是不能互相替代的。读书有什么益处呢？比如读书可以学习别人的实践，别人的实践是有意义的，当然，别人的实践也代替不了自己的实践。

用培训提升团队的整体素质

在培训方面，我一直主张企业高管和中层干部，都应经过 MBA、EMBA 或 EMT（高级管理培训）等学习。我深信，管理不是无师自通的。管理就是教育，教育是最好的管理。实现人的再造、团队的再造，需要不停地教育。

通用电气（GE）克劳顿管理学院是 GE 高级管理人员的培训中心，许多《财富》世界 500 强企业的 CEO 是从这里走出去的。杰克·韦尔奇也曾把 GE 公司 8000 多人安排到这里进行培训，还亲自讲过课。他认为干部选拔、员工培训要选年轻人，进行人才队伍建设，培训在企业里确实非常重要。

就我个人而言，我大学学的是高分子专业，之所以能胜任管理工作，与我在商学院受到的教育是分不开的。如果当初不去读书，做企业领导很可能完全是经验型的，那就会相差甚远。1992年，我在北京参加了一个日本产业教育培训班，记得当时课程有6本教材，主要讲的是日本企业的现场管理和质量管理。经过那次培训，我不仅学习了以前所从事的市场工作的管理要点，还学习了不少其他方面的管理知识。也是那一年，我参加了武汉工业大学（2000年合并为武汉理工大学）北京研究生部开办的工商管理硕士班学习，导师是尹毅夫先生。尹先生是燕京大学（现为北京大学）的毕业生，在中国科学院退休。他英文很好，在中美合作项目——中国工业科技管理大连培训中心（中国大连高级经理学院的前身）做过翻译，后来居然走上了工商管理培训的道路。尹先生当时给我们上两门课，一门是领导思维课，另一门是西方企业财务管理课，这两门课对我做好厂长来说起到了重要作用。后来，我还参加了华中科技大学管理工程博士课程的学习，我的导师是著名管理专家陈荣秋教授。我有时会想，作为一名理工科毕业生，如果这些年没有参加过这些培训和学习，自己会怎样理解和领导企业呢？

做企业的领导人，其实不光自己要学管理、懂管理，企业的各级干部也应该学管理和懂管理。记得刚当厂长与干部们开会时，无论是大家的思想还是表达，我都找不到企业管理的感觉，也常联想起当年插队做队长在牲口棚里开会时的情景。但是，北新建材当年可是一家依靠引进设备"武装到牙齿"的工厂，这种管理现状怎么能行呢？我果断调整了干部团队，提拔了一些年轻的大学毕业生。然而，他们大部分是理工科院校毕业的，并没有掌握系统的企业管理知识。为了改变技术人员不懂管理的问题，我下大决心让当时厂里年龄和学历够条件的中层以上干部去清华大学、北京大学、北方交通大学（现为北京交通大学）等高校读MBA，记得当时清华经管学院的一个班上有近一半学员是北新建材的干部。正是因为这样，北新建材的干部一下子增进了管理能力，再开干部会时，大家都能用管理语言进行交流。MBA教育不仅改变了我，也改变了我的团队。我当时提出要"像办学校一样办工厂"，企业迅速变成了充满活力的学习型组织。

到了中国建材后，我查看干部档案时发现干部们基本没有参加过管理的培训学习，我觉得这是个大问题。于是，我们联系国家行政学院举办了CFO班、CEO班，我称之为"管理扫盲班"。之后，我让集团的班子成员都参加厦门大学在北京开办的EMBA班。之所以参加这个班，是因为厦门大学的财务师资好，我们的干部在财务方面的能力差一些。果然，这些培训与学习对中国建材后来的崛起和发展起到了至关重要的作用。

随着中国建材的境外上市和联合重组，培训工作在集团变得更加重要。除了集团层面的培训外，各二、三级企业也进行各自的培训。在集团层面，每两年在国家行政学院安排10次为期两周的骨干干部轮训，每期每个班100人，共900多人参加轮训。我们在国家行政学院还开设了中青班，分春、秋季两个班，每班50名学员，为期两个月。此外，中国建材在中国大连高级经理学院（简称中大院）开办了EMT班，也是春、秋季各一个班，每班50名学员，为期两个月，还安排去日本学习一周。这些培训主要以工商管理课程为主，我在每次培训结束前必给学员们讲一次课。通过这些培训，干部们不仅学习了企业经营管理知识，他们之间还进行了深入的交流，这对一个大型集团公司来说是非常重要的。此外，中国建材输送了大批干部到清华、北大、南开等一流大学的商学院学习，从而储备了一大批富有实践经验的技术管理人才。经过系统培训，团队整体素质得到持续提升，为中国建材的快速成长奠定了坚实的人才基础。

用最佳实践共享提升管理水平

2019年3月，我去德国斯图加特，在奔驰汽车的一家配套企业培训中心，看到了美国教育家约翰·杜威先生的一句话，"一克实践远比一吨理论更加重要"，这句话强调了实践的重要性。管理就是一种实践，我很重视管理的实践性和方法论,强调学以致用。在这方面,医学院的做法值得借鉴。医学院的老师常要上午讲课,下午去临床看病。如果一位老师说自己不会看病,同学们是不敢跟他学的。为什么医学院强调这一点?因为人命关天,所以一定要找到一种最合理的方法,那就是理论和实践必须结合。

最佳实践共享是一种普适化、自主化的经验分享和学习机制。其实,它的做法很简单:由集团公司组织成员企业申报日常生产经营过程中的管理秘诀和操作小窍门,汇总、筛选、提炼并整理成册,发给所有人学习借鉴。这些项目主要来自企业的生产经营实践,如精细化生产、管理改进、自主创新、业绩提升等,具体包括节能降耗、工艺优化、技术改造、修旧利废、设备可靠性提升、质量改善、安全环保改进、制度优化、销售服务提升、采购优化、清洁生产、整洁工厂创建等。集团公司还可以在 OA 平台上发布"最佳实践共享",供成员企业学习借鉴。

中国建材还把企业的一些最佳实践做成内部读物,如八大工法、六星企业、三精管理等小册子。每年对这些小册子都坚持翻新一遍,内容主要是集团企业自己的案例。我常称这些小册子是中国建材的武功秘籍,发给集团所属企业的班组长以上人员阅读,起到了很好的示范和交流作用。

最佳实践共享充分发挥了集团公司的资源优势,使成员企业间的经验、成果得到更好的交流和推广,进而创造更大的价值。通过这样的共享学习,其他企业大幅减少了因重复探索而在人力、物力和时间上的浪费,只需从"最佳实践共享"这部百科全书里找到适合自己的方案,就能付诸行动、产生效益。

通过最佳实践共享项目的交流和共享,企业不仅提升了效益,也形成了学习型组织的良好氛围。这一管理方法进一步激发了员工强烈的主观能动性、学习意识和创新意识,促进员工在日常工作中求新求变,突破定式思维,不断改进工作方法,加快理论知识和实践经验的积累,快速成长为适应企业需求的技术人才、管理人才。

加强企业干部的素养教育

中国建材是个混合所有制企业，企业干部的来源既有体制内的，也有从市场上引入的职业经理人，还有带着股权进来的民营企业家，如何提升这样一个干部队伍的职业素养和工作水平始终是我思考的一个问题。2006年中国建材股份有限公司在香港上市后，企业开始快速成长，干部队伍也来自五湖四海，为了提高干部们的自制力和工作水平，我常常对干部进行各种方式的引导和教育。在2014年初的集团干部谈心会上，我系统地提出"四精五有"的要求，希望干部在职业素养方面逐步提升。"四精五有"比较实用，包括民营企业在内的其他一些企业也采用了。

企业干部要做到"四个精心"

企业归根到底是做"人"的工作。对人的管理，既需要制度，也需要文化。也就是说，企业不仅要靠规范的制度约束行为，也要靠先进的文化指引心灵。企业干部是企业的中坚力量，是带领企业发展的主心骨和生力军。在大企业做管理工作，"精心"二字很重要，企业干部要做到"四个精心"，即精心做人、精心做事、精心用权、精心交友。

第一，精心做人。它是指做事要先做人，做人不是一件易事。做人首先要修身正己，不断提高个人能力和素养。企业干部要有好的思想品格和道德操守，不断提升个人修养和思想境界，争取做一个高尚的人、纯粹的人。明代思想家吕新吾在《呻吟语》一书中这样写道："深沉厚重是第一等资质，磊落豪雄是第二等资质，聪明才辩是第三等资质。"深沉厚重，指的是企业干部要有稳重的性格和高尚的人格。

小胜靠智，大胜靠德。如果一个企业干部的品德不过关，甚至存在大问题，那么他的能耐越大，对企业的损害也就越大，不仅会把整个管理团队的风气带坏，还会把企业的基础搞垮。所以，对于人的品德，一直要格外看重，我们的选人标准是八个字：德才兼备，德要优先。正确的选人方法是在品德好的前提下选择有才干的人。有才无德的人即使能力再强也不能用，当然，有德无才也不行，没有真才实学，只是个"好好先生"，做企业就不会有大起色。

对一个人来讲，最大的诱惑是自己，最难战胜的也是自己。为此，中国建材提出了一套行为准则：敬畏、感恩、谦恭、得体。敬畏指的是做人、做事要下有底线、上有高压线，既不能击穿底线也不能触碰高压线。感恩是指作为企业干部要感恩组织和员工，不能总觉得大家欠着你的，也不能一味地和别人比，那样会横比竖比心不平。谦恭是指企业干部要谦虚做人，不要说没做出什么大成绩，就是做了点成绩也不能骄傲自满。得体是指企业干部举手投足要像个干部的样子，不能歪七扭八不像样子，更不能狂妄自大、口无遮拦。

第二，精心做事。它是指做事要脚踏实地，真抓实干，为企业建功立业。企业干部要心怀强烈的事业心和责任感，树立发展意识、改革意识，勇于实践、大胆创新，想干事、能干事、干成事。同时，企业干部还要有风险意识，不要粗心大意，决策时要深思熟虑，工作中要稳扎稳打，工作完成后要复盘总结。

有人问我："这么忙，您怎么处理好这么多的事？"我用 ABC 法做了很好的分割，把事情分割成大事、中事、小事，有条不紊、按部就班一件件都做好。做企业肯定要做一行、爱一行、专一行、精一行，无论事大事小都认真扎实做好，不能心猿意马。

多年来，正是因为坚定前行、埋头苦干，我才能做出一些成绩。企业家是那种对成功充满渴望的人，是那种困难中百折不挠的人，是那种胸中有家国情怀的人，是那种永远面向正前方的人。比如，中国建材在联合重组过程中遭遇过很多质疑，还遇到了不少困难和阻力，但最后我都坚持了下来。

2008年3月，一份材料被送到了国资委领导的案头，标题是《中国建材是不是疯了？》。撰写这份材料的市场人士坦陈了他对中国建材高速扩张的忧虑，并对中国建材水泥业务联合重组的动因进行了颇为偏激的推测。同时，报纸上也刊登了一篇文章，题目是《国资委重拷中国建材》，当时我的压力非常大。但是，我坚信中国建材处在充分竞争领域，要想发展就必须引入社会资本，必须和民营企业合作，除此之外别无他路可走。这些年来，中国建材一路重组混合了近千家民营企业。后来，国资委领导在一次演讲中提到，过去中国建材重组水泥时有不少议论，现在看来这场重组是正确的。

在重组南方水泥时，中国建材计划在香港发行3亿股H股股票，当时每股股价接近40港元，但等拿到审批了将近两年的增发文件时，股价却因金融危机被做空，降到了每股1.4港元。有香港媒体援引不负责任的投行分析师的话说，中国建材跌到每股0.5港元就会破产。一时间，南方水泥的重组资金来源没了着落。那段日子，大家的压力都很大，我仍心平气和地坐在办公室，稳定军心、鼓励大家，同时拜托银行的合作伙伴出手相助，最终解决了所需资金，让公司度过了危机，重组得以顺利推进。

今天回想起来，如果不是以"精心做事"的心态去推进工作，企业怎么能渡过难关呢？做企业干部就会遇到难题，遇到难题只能是迎难而上地去破解。在北新建材工作时，我请邵华泽同志题写了一段毛泽东诗词："多少事，从来急；天地转，光阴迫。一万年太久，只争朝夕。"我们应该用只争朝夕的精神去面对事业，能今天做的事情绝不要拖到明天。我常给企业干部说的一句话是："能做好，为什么不呢？"

当然，企业也要为改革发展营造环境、为干事创业提供保障，结合实际探索制定相关制度，建立容错、纠错机制，既要对企业干部严格管理，又要对企业干部政治上关心、工作上支持、生活上关怀，让大家心情舒畅、充满信心，积极作为、敢于担当，为大家创造安心、安身、安业的环境。

第三，精心用权。它是指要客观看待手中的权力。企业干部手中有一定的权力，但这些权力只能用来工作，并在工作中谨慎使用权力，切忌滥用权力。企业干部做任何一项决定都要调查研究、集思广益，不能简单地拍脑袋，不搞一言堂，不做个人英雄。企业干部要严以用权，不碰"高压线"，不踩"红线"，真正做到慎独慎微，勤于自省自律。企业干部的心里要始终装着事业、装着集体、装着大局，全心全意为企业发展献计献策，努力为员工谋幸福。我反对在企业里搞小圈子、低俗的拉扯和无原则的斗争，因为这些和企业的利益、员工的幸福背道而驰，都是为了个人利益或小集团利益而罔顾大家感受的做法。此外，还要正确对待监督，主动接受监督，积极欢迎监督。

记得我刚到中国建材上任不久的一天，集团楼下来了一伙所属公司的人，在底下闹。原来是他们在亚运村买了房子，集团没给他们办房产证，大家交了预付款，周转的钱却被花了，所以几十号人来找领导。办公室的人要把我锁在屋里躲一躲，我说我不怕人家来闹，那是我们的员工，我要听一听他们的呼声。后来，三位代表上了楼，我热情地接待他们，问清楚了问题和诉求，中午又招待所有人吃了午饭，后来问题很快就解决了。

其实，权力和责任是紧密相连的，有多大的权力就要承担多大的责任，尽多大的责任才会有多大的作为。企业干部要以身作则，对待事业勤勉尽职、认真执着、追求完美，遇到问题能挺身而出，千万不要文过饰非、推诿责任。美国总统艾森豪威尔说过："有功劳给部下，有责任自己扛。"有一次我在党校讲课，一位学员问我："宋总，没见你时猜想你肯定很严厉，可是见了你之后觉得你特别温和，那么，企业干部到底应该温和还是严厉呢？"当时，我举了这样一个不一定很恰当但能说明问题的例子。企业干部就像家庭里的父亲，严父会训斥人甚至打人；慈父态度非常温和，从来不打孩子，就像朱自清在《背影》里描写的父亲一样。但是，不论是严父还是慈父，都必须承担起做父亲的责任。如果负责任，严一点儿或宽一点儿都没关系，都是好父亲；如果不负责任，不论严和慈，都不是好父亲。勇于负责、敢于担当的人才能做一个好的企业干部。常看到一些企业干部，有了成绩就喜笑颜开，把"金"都贴在自己的脸上；而有了失误或碰到困难就躲到一边，把责任全推给下属，关键时刻"丢卒保车"。这样的企业干部成不了大气候，下属跟着他也没有安全感和归属感。

第四，精心交友。它是指交友要慎重。朋友对一个人的事业、人生都可能有不可忽视的影响，和损友相处一开始往往会觉得舒服，为什么舒服？损友一般教给你的都是那些满足人的劣根性的办法。这些年，不少企业干部出问题正是由于交友不慎。所以企业干部要净化朋友圈，交益友，不交损友，见贤思齐，见不贤而内自省，哪些人该交、哪些人不该交，与什么朋友相处到什么份儿上，心里应该有本"明细账"。《论语》有："益者三友，损者三友。友直，友谅，友多闻，益矣。友便辟，友善柔，友便佞，损矣。"也就是说，要和正直的人、讲诚信的人、知识广博的人交朋友，择善而交。不能交朋友的人是那些走邪门歪道的人、谄媚奉迎的人、花言巧语的人。归结为一句话，那就是"交益友，远损友"。

企业干部如何提升自身素质

　　企业干部的职业素养关系到企业的经营管理水平，而职业素养是一个长期培养和锻炼的过程，日本人把这个过程称为企业养成教育。我根据企业的现状和干部的具体情况，提出了干部应具备的一些职业素养，并归纳为"五有"，即有学习能力、有市场意识、有敬业精神、有专业水准、有思想境界，逐渐在集团范围内推广，成为对全体干部员工的素养要求。

一是有学习能力。人是学而知之，不是生而知之。企业所处的外部环境不断变化，需要大家学习的东西太多，即使认真学习也不见得能跟上时代的发展，如果不学习肯定会被淘汰。比如，管理既有科学和技术的层面也有艺术的层面，但无论是哪个层面，都需要学习，学习多了，自然就有了灵感。尤其是企业干部，要想在瞬息万变的市场环境中带领企业发展，唯有不断学习，否则就会思想落后于时代，能力落后于他人，只能"以其昏昏，使人昭昭"，使企业陷入泥潭。

二是有市场意识。它主要指竞争意识。中国过去是计划经济，现在是社会主义市场经济，但不见得所有人都真正有市场意识。过去一些企业干部往往有两个思维惯性：一是认为国有企业是国家的买卖，关不了门，旱涝保收；二是认为工作论资排辈，只要不犯错误就不用担心职位。这些思维惯性曾使得企业缺乏竞争力和活力。虽然经过这么多年的改革，但有的人心里还是缺乏市场或竞争意识。这些人品质不错，也很忠诚，但思考方式缺乏市场化，因此在充分竞争的市场中常常打败仗。对这些人可采取以下措施：督促他们转变观念，学习市场化的知识，转变成真正市场化的企业干部；确实无法转化思想的企业干部，就不宜再做经营管理工作，否则，只会危害企业与他们自己。

2002年就任中新集团（现更名为中国建材）总经理之初，我就曾认真思考过处在充分竞争领域的央企的发展模式。当时，中新集团虽然是央企，但并没有谁来托底，全靠企业自己，经营得好大家乐观其成，经营得不好可能就不复存在。在那些困难的日子里，我常常晚上睡不好觉。正是那种倒逼机制使我痛下决心，不再存任何侥幸心理，要全力进入市场，在市场中获得新生，后来逐渐形成了一套"央企市营"的思路。

"央企"，指的是国有企业属性，"市营"则包括产权多元化、规范的公司制和法人治理结构、职业经理人制度、内部市场化机制、外部市场化运营。多年来，正是中国建材坚持央企市营的道路，才实现了快速成长。中国建材是央企发展的一个缩影，这些年来央企的发展常被有些人诟病为靠垄断、吃偏饭等，这完全是误解。央企之所以能取得今天的成就，是因为树立了竞争意识，果敢地迈向了市场，实现了凤凰涅槃般的新生。现在，不少国有企业都改制为上市公司了，央企总资产约70%都在上市公司里。也就是说，央企通过市场化改造，引入了市场化机制，形成了今天的活力，这就是我常讲的"此央企非彼央企"。

三是有敬业精神。它是对职业、对劳动的基本人生态度，是企业从上到下都应共同崇尚的精神。作为企业干部，要有强烈的事业心和责任感，把自己融入企业、谦虚谨慎、艰苦奋斗，在企业发展中实现个人的理想和抱负；同时要有牺牲和奉献精神，即要有为企业发展壮大、为员工利益献身的精神。企业干部不应该是目光短浅、在利益面前患得患失的人，要任劳任怨经得住委屈和压力。有的人能任劳却不能任怨，习惯于凡事都要放到天平上称一称，横比竖比心不平。但是，人的一生总会受各种各样的委屈，遭受各种误解仍能带领员工闯关夺隘的领导才是真正称职的领导。中层和技术骨干应是务实肯干、身先士卒的人，只有身先士卒、关心员工，才能用自己的行为引导和感召员工。普通员工要热爱企业、热爱本职、踏实工作。

敬业精神是我一直崇尚的企业精神。早年做推销员时，有一次我去广州一家公司推销石膏板，吃了闭门羹，但我没有放弃，一直站在门口等人家。那位拒绝我的材料科长下班时看到我很吃惊，主动邀请我谈项目。我是在无数次被拒绝中学习做事的道理的，也懂得了吃企业这碗饭不容易。做厂长后，我把以厂为家作为企业文化，把敬业精神作为"北新精神"。我分别送给干部和青年员工一句话，送给干部的话是"争创不平常的事业，但要过平常的生活"，提醒大家要敬业忘我，把自己的价值融入企业发展；送给青年员工的话是"淌自己的汗，吃自己的饭"，以此来提醒总想在精彩的世界里潇洒走一回的年轻人，任何一家百年老店无不是靠智慧和汗水奋斗而成的。

在一次庆功会上，看着那些三四十岁早生华发的年轻人，我不禁用"为有牺牲多壮志，敢教日月换新天"来抒发心中的感慨。上善若水，天道酬勤。如果中国建材的发展壮大有所谓"运气"的成分，那一定是员工的真诚与付出感动了上苍。

四是有专业水准。它就是精通业务，聚焦专业，想做事、能做事、做成事，不能这山望着那山高。能力和专长是安身立命的基础。企业的岗位分工虽然不同，但每一名企业干部都要踏踏实实地做好本职工作，在自己的岗位上做一个专业主义者，在专业领域成为行家里手。日本管理学家、战略家大前研一在《专业主义》一书中提出，这个社会需要专家、专业人员。其实，企业也需要有专业水准的人。例如，做水泥的要对水泥如数家珍，做玻璃的要对玻璃津津乐道，管生产的要对成本数字了如指掌。有一些企业干部职务提升后，逐渐从实际工作中退了出来，成了只会指手画脚的"指挥者"。然而，一个人如果丧失了基本技能，成了万金油式的企业干部，就会在竞争中被淘汰。

五是有思想境界。我一直崇尚西方一位哲人的话"忙的蜜蜂没有悲哀的时间"，人要怀着积极乐观的心态，不以物喜不以己悲，豁达乐观、不断进取。具体来说，思想境界包含五层意思：

- 战胜自我。处理好大和小、多和少、得和失、进和退等方面的关系。
- 理解他人。人有趋利避害的本能，但要能站在别人的立场上替别人着想，照顾他人。所谓"情商"，就是能否最大限度地理解人。

- 胸怀大局。不谋全局者，不足以谋一域；不谋长远者，不足以谋一时。企业干部要有大局观，全力维护集团的整体形象和利益，堂堂正正做人，规规矩矩做事，清清白白经营。
- 目标长远。想问题不能只看眼前、局部和个人利益，要对企业的未来有清晰的认识，做到近期目标和长远目标相结合。
- 凝聚正能量。包括：有积极健康的心态，自信心强，意志坚定；心胸开阔，容人让人，不嫉贤妒能，时刻把员工利益放在第一位；能以出色的业绩回报企业，对企业无比忠诚，不仅能与企业"同富贵"，还能与企业"共患难"。

"四精五有"是我对企业干部的要求，也是我对自己的要求。这对大家也有好处，若用它要求自己，在任何企业里都会变成积极上进的人。

第 2 篇 管理精细化

管理精细化，也被称为精细管理，是围绕降低成本、提高质量而形成的一套管理理念。"精"者质量，"细"者成本，管理要精细到每一个过程和工作岗位，这是精细管理的核心内容。管理精细化是围绕成本控制、质量管理、现金流展开的，它的核心目标是构建成本领先的生产管理体系，在保证质量和现金利润的情况下，解决成本竞争力的问题。

第 5 章

管理工法化

"工法"一词来源于日本,《日本国语大辞典》把"工法"解释为工艺方法和工程方法。日本管理界拓展了它的内涵,将很多管理理论和管理方法都归纳为"管理工法",如 5S（整理、整顿、清扫、清洁、素养）现场管理、TQC（全面质量控制）等。

日本之所以诞生了诸如丰田等这么多优秀的企业,很重要的原因在于它拥有科学的管理工法。记得我在北新建材做厂长时,每年春天和秋天都会到日本参观学习。1996 年冬,我参加了日本海外技术者研修协会（The Association for Overseas Technical Scholarship, AOTS）组织的培训。当时日本正值泡沫经济后的转型期,一方面,日本企业并不愿意放弃曾让日本经济辉煌过的年功序列工资制等老的制度;另一方面,日本的模式开始受到美国企业制度创新的冲击。但是,日本的现场管理、精益管理等经验对中国企业仍十分重要,那次学习收获颇丰。AOTS 安排了不少参观,我问了一些有关日本企业的决策机制、创新模式、管理方法、劳资关系等问题。日本同行觉得很奇怪，认为别人都对技术和产品感兴趣，而宋先生却对企业管理感兴趣，但他们仍向我介绍了相关情况。回来后，我写了《浅谈日本企业的经营管理》这篇文章。

日式管理有三个特征：一是现场管理做得好，工厂永远干干净净；二是全员参与，管理一直处在不断改善中；三是注重方法，长期坚持运用 5S 现场管理、TQC、定置管理、看板管理、零库存等方法。工法不是系统地讲理论，而是针对一个流程、一件事，推出一些便于操作和推广的实战方法。20 多年前，国家经济贸易委员会[①]就在全国企业中推广过"管理十八法"，TQC、看板管理、量本利分析等管理方法都在其中。可惜不少企业只把它当成一场小的运动，实行一阵子就放弃了，但也有一些企业坚持了下来，最终有了成效，比如我原来做厂长的北新建材。

精细管理是围绕降低成本、提高质量形成的一套管理理念。"精"者质量，"细"者成本，管理要精细到每一个过程和工作岗位，这是精细管理的核心内容。如何做好精细管理？我认为应牢记 4 个字：早、细、精、实。

- "早"是早谋划、早下手，每年第一季度就开始抓利润，协调产销关系和供需关系，就像鲁迅先生讲的"时时早、事事早"。
- "细"是认真、细致地分析形势，细分目标、细化措施，把工作做细、管理抓细、流程管细，不同的区域、不同的企业、不同的季节，都要对应采取不同的经营策略，具体问题具体分析。
- "精"是针对管理中的短板和弱项，持续推进开源节流、降本增效，精心组织技术改造、精益生产、集中采购、定岗定编，动员

[①] 2003 年 3 月 10 日，第十届全国人民代表大会第一次会议通过了国务院机构改革方案，决定撤销国家经济贸易委员会和中华人民共和国对外贸易经济合作部，设立中华人民共和国商务部，主管国内外贸易和国际经济合作。

全体员工找问题、想办法、定措施，严格控制成本费用，提升质量效益。
- "实"是重细节、重过程、重落实、重实效，扎扎实实埋头苦干，一步一个脚印，夯实企业发展基础。

精细管理的实现，一要用好工法，二要长期坚守，两者缺一不可。强化精细管理不是应急之策，而是持久之功，因此要常抓不懈。尤其是在企业快速发展的时候，管理上的问题和差距容易被掩盖，"萝卜快了不洗泥"。这时，企业更要增强警惕意识和忧患意识，通过对标检查管理的差距和基本功，力争把各项管理持之以恒做好。日本企业把管理做到了极致，我到一个工厂参观时发现，整个作业流水线上，员工们的操作像体操一样，都是一致的，这让我很吃惊。丰田等很多成长型企业都是长期主义的信奉者，几十年如一日地进行现场的精细管理。

如果要把产品做到极致，企业就得长期扎扎实实地做，否则做不好。富士康工业互联网股份有限公司（以下简称"工业富联"）的董事长李军旗毕业于华中科技大学，他在日本精密技术研究所工作了20年，后来加入工业富联，从事精密加工相关的研究开发和业务拓展。他曾被新浪财经等评为"2019十大经济年度人物"，主办方当时邀请我作为颁奖嘉宾给他颁奖。在颁奖的过程中，他提到了精密加工，并送给我一个小纪念品：不锈钢的"地球"。后来，我去了工业富联现场，了解到两件事：第一件事是，富士康过去采用人海战术，现在则是智能化的熄灯工厂，一个车间过去需要318人，现在只要30多人。第二件事是，手机金属外壳上的好多小螺丝孔，包括手机后边的亮面，都是用金刚钻铣出来的，这就要依靠精密加工。手机制造商把设计模型给到工业富联，并告知发布日期，它就会按期制作出样品，进而实现大规模生产。多个知名手机品牌一直和工业富联在产业链上紧密合作，就是因为它有精密加工方面的专长。仔细想想，这也是精细管理。

整理整顿：一切从细节开始

整理整顿是一项最基本的管理工作，也是管理新手起步阶段所做的第一件事情。其实，我的管理就是从整理整顿开始的。我在农村插队时当过生产队的队长，每天出三次工，组织几百号队员种 280 亩⊖地，那应该是我最早的管理实践。我当时还是 18 岁的年轻小伙子，没有什么种地经验，就想成立个"诸葛亮小组"。于是，我找了五位老农，每天到地里看看农活，晚上在队里一起商量明天干什么活，我则拿着小本子记下来进行分配，一切都安排得井井有条。

大学毕业后，我在北新建材先后做过技术员、销售员，历任主管销售的副厂长、厂长。我在北新建材做厂长 10 年间，几千人的厂没有发生过一起重大安全事故。回想起来，除了安全工作抓得好外，生产环境好也是重要因素，而这些都得益于现场管理。所谓"现场连着市场"，企业的现场管理水平、管理者和员工的状态会影响市场客户对企业的看法。那时，我常让销售人员把客户请到工厂来参观，客户看到了北新一流的现场管理水平和员工的精神状态，往往也就放心把订单下给了北新建材。现场管理也可以透射出企业管理的好坏，现场干干净净，产品码放整齐，这样的企业管理一般都不会差。虽然整顿现场环境都是些细碎的事，却是企业的大事，也是管理者和员工的基本功。

外学日本，内学宝钢

北新建材原来厂里的环境可谓脏乱差，工厂和生活区的垃圾大部分都

⊖ 1 亩 = 666.67 平方米。

堆放在厂区，日积月累，在办公楼后面的那一大片空地上堆起了一座垃圾山。厂区道路被一层厚厚的石膏覆盖着，看不出原来的模样。办公楼和厂房外墙斑斑驳驳，厂房的窗户玻璃也碎了许多块。总之，工厂脏得不成样子。

我做厂长后，下定决心要把这件事解决好。治理环境的契机是主管部门通知美国黑格将军要来工厂参观，我们动员全厂职工打扫了一个星期的卫生。可后来黑格先生因故没来，职工很有意见，认为厂长糊弄大家。于是，我召集干部开会，反问道："干净的作业环境是为了给黑格将军看，还是为了满足我们自身工作的需要？"

之后，我提出现场管理要"外学日本、内学宝钢"，使工厂的管理上了一个大台阶。为了推进工厂管理，我安排中层干部赴上海宝钢学习现场管理。宝钢在全套引进新日铁公司装备的同时也购买了它的管理软件，工厂里连打开的电气柜里都一尘不染，这给我们的干部留下了深刻印象。

而以整理整顿为核心并为大家所熟知的 5S 现场管理是日本大多数企业遵循的基本管理方法。那时，北新建材也全厂开展 5S 现场管理，建设花园式工厂和花园式家属区，我称之为"两园工程"。"两园工程"的工作量不小，修了新的工厂大门和喷水池，把办公楼和厂房外墙都重新刷了一遍涂料，把所有缺少玻璃的窗户都补上新玻璃，还修建了一个"爱心湖"。

北新建材的厂区很大，面积有 1 平方千米。在工厂最南端有一个 5 万平方米的大水坑，是当年北京砖厂烧砖取土形成的，工人们称它为"南大坑"。那时整个工厂的排水系统不行，每逢大雨，"南大坑"就成了全厂的蓄水池。平时，工厂也从"南大坑"取水浇树。"两园工程"建设中的一项工作就是改造"南大坑"，建设"爱心湖"，希望职工热爱工厂，这也是有一次我去北大未名湖时产生的灵感。职工热烈响应，大家利用星期天的时间开展义务劳动。工人从昌平山区的河套里拉来一些大石头做湖边的景物，还让我题上"爱心湖"三个字。围着爱心湖建了一条小路,湖边种了不少柳树和槐树,在湖的西南端建了一座湖中亭,湖中放了一条小船可以泛舟其上。大家都喜欢去爱心湖,每年新分来的大学生喜欢去湖边玩,职工和家属也喜欢去那里散步、游玩。后来,工厂放了一些鱼苗在爱心湖里,常能看到湖中的鱼群游来游去。文化节期间,厂工会还在那里举行钓鱼比赛。

除了爱心湖外,我还组织职工花了3个月的时间清理办公楼后面的那座垃圾山,在那块空地上修建小花园和龙苑职工食堂,以及足球场、篮球场和网球场。这些改善了职工的生产和生活环境,提升了北新建材职工的幸福感。

经过一番整理整顿,北新建材模样大变,1平方千米的厂区湖光水色、树影婆娑、绿草如茵,每条马路、每个厂房、每块玻璃甚至每个厕所都干干净净,几乎一尘不染。整理整顿使得北新建材这样一家传统的建材企业变成了一家环境优美的现代化工厂。

美国高盛集团总裁曾大力称赞北新建材,说到了我们工厂觉得像到了日本工厂一样。日本三泽房屋社长到北新建材参观时对我说:"我今天认真看了你们的工厂,就连厂门口、花池都看了,都没有脏东西,没想到你们把每个细节都管理得这样好。"

以人为中心

在企业里,人是最重要的,尤其是人的积极性、凝聚力和创造力。我刚担任北新建材厂长时,企业面临很多困难,除了前面提到的现场管理混乱外,更大的困难是人心不齐,员工没有积极性,士气低落,凝聚力差,组织没有活力。我请一位书法家在一块大石头上写下"人和"两个字,放到员工每天上班必经的路旁。我当时想,国企中有些结构性矛盾是客观存在的,但是只要大家从"和"字出发，遇事多想想别人和集体，就能处理并解决好诸多问题。这块"人和"石代表了北新人敬业爱厂、和谐发展的企业文化，引领并见证了企业的快速发展。

做企业的过程中，我一直坚持"以人为中心"的企业文化。这个观点是我在北新建材做厂长时提出的。当时，我在《北新的战略思考和价值观》一文中给北新建材的干部们写了六条价值观作为企业的愿景，应该说那时提出"以人为中心"的管理理念还是很前卫的。这六条价值观具体如下：

- 我们企业的发展战略是将北京新型建筑材料总厂建设成为一个规模宏大的新型建筑材料技工贸综合产业集团。我们的经营战略是创造独具特色的企业，并以规模效益达到市场竞争的目标。我们将以技工贸结合的方式，充分利用资源，达到竞争最低的成本。
- 我们坚持"以企业为本"的思想，正确处理国家、企业和员工之间的利益。我们考虑国家利益时，要将企业保值增值和运作良好作为首要贡献。
- 我们企业追求在社会大系统中的充分和谐，视盈利和遵纪守法同等重要，所有的动机和出发点都是为了最终服务社会。
- 质量和信誉是我们永远的追求，也是我们对社会的基本承诺。我们无比珍惜历经千辛万苦赢得的企业形象，并把不断创造企业无形资产作为我们公开的经营秘诀。
- 我们具有坚定的信念和十足的勇气，拥有足够的智慧和知识。我们认为，只有具备最活跃的思想、最新的技术和最科学的管理，才能创造企业的辉煌和掌握企业的未来。

- 我们贯彻"以人为中心"的企业管理思想，组建一流的员工团队是企业建设的首要目标。我们的干部要同心同德、任劳任怨，每位员工要忠于职守、敬业爱厂。

这些深层次的文化理念深深地改变了北新建材的干部和员工。前几年，原来在北新建材办公室工作过的一位干部用邮件把我当时手写的北新建材的六条价值观拍照发给了我。时隔20多年，看着当时写的那些字迹，我感慨万千，给她回邮件说，北新建材那时有个多么积极向上的年轻厂长啊！为了加强干部间的交流，我那时安排工厂领导班子成员和二级单位的"一把手"每周一早晨在企业食堂一起开一次早餐会，每次由一位二级单位"一把手"讲讲他所在单位近期的工作情况和下一步的工作思路，最后由我给大家三言两语地讲一讲，主要是鼓励大家。这些深度的交流非常有益，不仅交流了工作，也增进了干部间的了解和友情。

后来，我们把"以人为中心"进一步概括成"企业是人，企业靠人，企业为人，企业爱人"。企业是人，是指企业是人格化的、人性化的，是有思想、有情感的经济组织，被大家赋予了一定的性格和特征。例如，说起华为，大家会想到任正非；说起海尔，大家会想到张瑞敏。

企业靠人，是指企业的一切都是由人来完成的，要靠领导者的带领以及广大干部员工的努力和付出，企业的所有成绩都来自大家的汗水。任何企业里最重要的还是人。记得以前德国西门子老总讲过，西门子这家公司遇到过很大的困难，但只要人在，几年后又是一个西门子。

企业为人，是指企业的经营目的归根到底是为了人。为哪些人呢？我觉得至少应该有这三类人：一是员工，二是客户，三是投资者。当然，今天我们广泛讲企业的社会责任，是为了社会更美好。

企业爱人，是指企业要以仁爱之心待人。大家经常说："在见您之前，觉得您应该是一位很霸气的领导,但是见了您之后才知道您是很和蔼可亲的,那么大的企业您是怎么管理的呢?是靠什么去管理那么多人的呢?您有没有严厉的一面,有没有跟员工发过脾气?"实际上,我在北新建材当厂长的那10年里,没跟任何职工红过脸,但在企业里仍很有威信,因为我有原则和立场,我的管理里有仁爱的一面。比如,我刚当厂长时那么多人迟到早退,怎么办?我就站在厂门口,不记名字,只数人数;站了一个星期,迟到的人越来越少,从几百人迟到到没有一个人迟到。后来我在公告栏上贴出一张告示,谁再迟到就罚款100元,把制度建立起来,从我做起。我每天都会提前半个小时到工厂,也会晚走半个小时,有时半夜还会去工厂看一看,我自己首先以厂为家。

我在企业里也很重视员工的用餐问题,最初在北新建材时对食堂的工作抓得很紧,记得北新建材龙苑食堂的馒头做得很有特色,大家给它起名叫龙牌馒头。后来到了中国建材,我同样也把食堂做得非常好,让员工一天早中晚三餐吃得好,这样,大家也有很高的工作积极性。

企业的活力与动力来自员工的凝聚力和创造力。其实,在企业的成本中,给予员工的关爱和待遇是投入产出比最高的。北新建材原来从德国引进的年产2000万平方米的石膏板生产线每年最多只能生产800万平方米,但我当厂长第二年产量就达标了。因此,工厂里的大量问题并不都是技术问题,而是管理问题、文化问题。工作能做好,从根本上得益于员工良好的心情和状态,得益于充分激发了员工的能动性和积极性。

做企业的根本目的是要为包括员工在内的社会大众服务,要让员工与企业共同成长。对员工而言,企业不仅是谋生的手段,更应是乐生的平台——一个能让员工施展个人才华、实现自我价值、创造美好生活的平台。有了这样的平台,员工才能真正获得幸福,并将这种幸福转化为对企业的热爱和忠诚。

企业怎么去搭建这个乐生平台呢？有很多途径，比如，改善员工的工作、学习和生活条件，建设图书室、健身房；多渠道、多形式地建设员工培训平台，全面提升员工的综合素质；丰富员工的生活，组织开展文艺活动和体育比赛；等等。搭建这个平台的总的目标就是让大家在工作中获得快乐感，相互之间团结友爱。我当时在北新建材就组织了春季运动会、开办了职工培训班、建设了花园式工厂等，让员工处在一种幸福愉悦的工作氛围中，这样就不觉得工作枯燥。

我在北新建材是这么做的，到中国建材也是这么做的，到国药还是这么做的，让员工把企业当成家一样。现在，我在中国上市公司协会工作，也力争把协会打造成一个温暖的上市公司之家。企业有事可以找协会帮忙，这就是以人为中心。

把北新建材的整理整顿带到了中新集团

到中国新型建筑材料集团公司（以下简称"中新集团"）就职的第一年，对于企业管理，我也是从整理整顿开始抓起的。除了清理逾期的债务外，我的另一项主要工作就是整理集团的内务。中新集团的办公楼建于1986年，是一座只有5000平方米的5层小楼。初建时还算别致，办公楼南侧还建有几栋家属楼。可是10多年过去了，由于年久失修，无论是办公楼还是家属区都脏得不成样子。办公楼里还有卖东西的三产公司，平时乱糟糟的，很难想象这是一个央企总部。于是，我又像10年前在北新建材初任厂长时一样，对办公楼和家属区开始了一系列的整修工作。目标是让中新集团有央企总部的面貌，尽管它可能是央企里最小的总部。

第一件事是修整院墙和院子。当时由于修路，办公楼的院墙受到破坏，我先是组织修复，然后种了绿植，又拆除了小院里的临建房和一个对外经营的洗车场，再用透水砖铺了前后院，之后从北新建材挪了一些龙爪槐种上。

我还让人弄来一块泰山石放在院子里,并修了旗杆。整个小院一下子充满了生气。

第二件事是修整办公楼。我们请清洗公司把办公楼的外立面整体清洗了一遍,对办公楼内进行了重新装修,对于隔墙、吊顶、地板等全部采用集团所属企业的新型建材产品,将办公楼的门改为旋转门。经过整修之后,大厅变得很豁亮,办公室和会议室也显得很宽敞。只有窗户没换,还是老的铝合金推拉窗,密封不好,有点美中不足。

第三件事是修整职工食堂。集团干部们原先都是到周围单位食堂或小饭馆吃中午饭,而集团自己的食堂却被租给外边的人开饭馆。这家租户从不缴纳租金,还很蛮横,我报警"请走"了他们。之后,我们重新装修了食堂,让北新建材的大食堂每天中午来送饭,还配了水果和饮料,职工们都很开心。

第四件事是改造家属区。家属区是20世纪80年代建设的,用电线路容量太小,夏天开空调时总是跳闸。我们把整个家属区的用电线路全部做了更换,装上了新的大功率变压器,把冬季取暖的煤锅炉改成了天然气锅炉,将院子里坑洼不平的道路全部修整一新,粉刷了楼外墙,还给每家每户都装上了防盗门。

这些事情做好后,整个集团看上去就像个央企总部了。但干部们的精神面貌不佳,着装和礼仪上显得有些散漫。我们又专门从北京第二外国语学院请来老师为大家上礼仪课,教大家怎样着装和女同志怎样化淡妆等。集团还为干部们统一做了西服,整个集团干部们的精神面貌焕然一新。

这些整理整顿的工作看似是小事,实际上是企业的原则、企业的文化。做企业是一个时间积淀的过程,一个企业常年坚持好文化和不坚持文化完全不同,久而久之对社会的影响也不同。因此,企业一定要坚守先进的文化。

三五整合：从规模扩张到有机成长

中新集团本来是一家草根央企。2002年，我被任命为总经理时，这家企业很困难，债主临门。在我上任的仪式上，办公室主任跑来递给我一张纸，一看是法院的财产冻结书，我就是在那样的情况下当了企业的一把手。为了弄清楚企业到底该怎么发展，同年7月，我邀请建材行业专家一起研究集团下一步的发展战略。在那次会议上，集团内部有些人很不理解，认为集团都吃不上饭了还讨论什么战略。我跟大家说，做企业得战略先行，想不清楚战略方向，到什么时候都吃不上饭，朝不保夕。不过，让我没想到的是，参与研讨的专家们一致认为，中新集团要想发展壮大，必须进入水泥业务。

当时的中新集团缺钱、缺工厂、缺人，样样都缺，要做大水泥，谈何容易！我过去在北新建材做的是石膏板、新型建材，对水泥业务基本上一窍不通。但是，我在读MBA的时候学会一个道理：先确定目标，缺什么找什么，而不是有什么做什么。当时国家的城市化进程刚刚开始，而且水泥占建材行业GDP的70%，没道理放着这个大行业不做。对央企来讲，要做到建材行业的前三名，如果不深耕于大行业是发展不起来的。于是，中新集团下定决心由规模较小的装饰建材行业回归水泥等主流建材行业，并更名为中国建材集团。从原公司名称"中国新型建筑材料集团公司"中拿掉"新型"二字，是一次重大的战略转型，不仅奠定了中国建材崛起的基础，还改变了中国乃至世界建材行业的格局。

水泥企业传统的成长方式是新建，但中国建材大举进入水泥行业之后，发现了这个行业的弊病。水泥是经济建设的基本"粮食"，但由于长期粗放式发展出现了产能过剩、企业数量多、竞争无序等"多散乱"的问题。为推动行业健康发展，国家先后出台了《关于加快水泥工业结构调整的若干意见》《水泥工业产业发展政策》《水泥工业发展专项规划》等一系列政策，并鼓励"推动水泥企业跨部门、跨区域的重组联合，向集团化方向发展，逐步实现集约化经营和资源的合理配置，提高水泥企业生产集中度和竞争能力"。国家有了产业政策，那谁来开展整合呢？中国建材挺身而出。原因有两个：一是出于自身发展需要，联合重组是企业重要的成长方式，也是重大发展机遇；二是承担行业重组大任是央企的责任，中国建材要借助跨区域经营的战略优势以及在资源聚集、科技研发、规范管理、企业文化等方面的综合优势，通过市场整合，引领行业走上健康之路。

水泥是重资产投资业务，企业发展需要大量的资金。当时，中国建材只有两家规模较小的上市公司：北新建材和中国玻纤，二者都不具备股票增发的能力。《21世纪经济报道》是当时比较前卫的报刊，有一天，我突然在上面看到一则消息，可以把A股打包去H股上市。在当天下午的办公会上，我就提出要到香港上市的想法，同事们都用疑惑的眼神看着我，觉得这么一家饭都吃不上的公司，还要到香港上市。我说："看你们怀疑的眼神，都不相信我们能上市，但是我研究过也想通了，我们能做到。"香港当时有2000多家上市公司，我们上市后不会是效益很差的，处于中等偏上的水平。

一听说中国建材要上市，不少国际大投行都来了，但看到财务报表以后又静悄悄地都走了，觉得中国建材上不了市。后来，我们找到了摩根士丹利做上市中介。那时，我每月都要给上市团队和中介机构人员做一次动员，强调中国建材真的能上市，而且上市之后一定是一家特别好的公司，鼓舞大家的士气和干劲。2006年3月23日，中国建材股份在香港成功上市。上市之后，国内金融机构会因公司具有了信誉而提供资金支持，这是公司上市最大的意义和价值。

之后，中国建材迅速启动了大规模联合重组。第一个大动作就是拿着从市场募集来的 9.6 亿元资金，以"蛇吞象"的方式重组了徐州海螺。2007 年，浙江水泥行业成为全国的价格"洼地"，由于产能严重过剩，几百家水泥厂群雄混战，竞争异常惨烈，行业整体亏损，当地政府、行业协会、企业对重组的呼声很高。在这种情况下，中国建材准备组建南方水泥，通过汪庄会谈，争取到了浙江水泥、三狮水泥、虎山水泥、尖峰水泥四大水泥公司。在汪庄会谈的谈判桌上，我端出"三盘牛肉"：

- 公平合理定价，确保创业者原始投资得到回报。
- 给民企创业者留有 30% 的股份。过去，民营企业股权 100% 是民企创业者的，但可能亏损活不下去；加入中国建材后，通过管理整合与企业协同，虽然他们只占 30% 的股份，但有了利润，实现了利益共享。
- 对那些有能力、有业绩、有职业操守的创业者给予充分信任并继续留用，吸引他们以职业经理人的身份加入中国建材。

这"三盘牛肉"很受欢迎，后来也成为中国建材推动联合重组、发展混合所有制的重要原则。

2007 年 9 月 26 日，南方水泥在上海正式宣告成立。之后，南方水泥在东南地区快速重组企业近 150 家，水泥产能从零快速扩张到 1.4 亿吨。

2009 年，中国建材挥师北上，组建北方水泥；2011 年，中国建材成立西南水泥。短短几年间，中国建材先后重组近千家水泥企业，推动我国水泥行业集中度从 12% 提升到超过 70%，在基础原材料行业普遍亏损的情况下仍实现盈利。整合前整个水泥行业利润很低，2020 年整个水泥行业的利润是 1833 亿元。

随着联合重组的快速开展，中国建材的管理整合也在同步进行。以前，我们往往把企业自我发展、内生式滚雪球发展的方式称为有机成长。这种方式被认为是有核心业务和核心技术的成长，更多地强调企业是依托现有资源和业务，通过提高产品质量、销量与服务水平，拓展客户以及扩大市场份额，推进创新与提高生产效率等，而获得销售收入及利润的自然增长。与这个概念相对立的是无机成长，也就是依托联合重组的外延式发展方式，这种方式被认为没有核心业务和核心技术，是由不相关的业务和技术堆砌而成的。很多企业重组后出问题，就出在无机成长上，一味贪大求大，最后一败涂地。

中国建材作为一家由联合重组发展起来的企业，怎么破除无机成长的魔咒呢？关键就在于管理整合，管理整合关乎联合重组的成败。联合重组解决了资源配置的有效性问题，回答了规模问题、资源问题，但没有完全回答如何使资源发挥更大作用、产生更大效益的问题。只有管理整合与联合重组同时起作用才能产生效益。为此，中国建材提出了"通过联合重组做大，通过管理整合做强"的思路。

2006年10月，中国建材收购徐州海螺仅仅3个月后，就在徐州召开了绩效管理现场会。在会上，我归纳了大家的一些思路和做法，提出了"五化"管理整合方法，即一体化、模式化、制度化、流程化和数字化。中国建材把这次会议称为"徐州会议"。

在徐州会议提出的"五化"管理整合方法基础上，2008年5月，中国建材在杭州召开了一次管理整合的内部会议。当时，全球金融危机的影响开始在中国显现，企业倍感压力。大家都问：我们要做点什么呢？我说，那就做管理整合。因为收购了这么多企业，如果管理不好，就等于每多收购一家企业就给自己多戴一个枷锁，所以必须把管理整合做好。在那次会议上，会场外金融危机来势凶猛，会场内大家热火朝天地研究管理整合的办法，可谓是"外面雷声隆隆，屋里书声琅琅"。

杭州会议最大的成果就是，进一步归纳出"三五"管理整合模式，这一模式为中国建材实现有机成长奠定了基础。

第一个"五"是五化运行模式（5N），即一体化、模式化、制度化、流程化、数字化。其中，核心是一体化和数字化。所谓一体化，就是整合后企业要发挥整体合力和协同效应。中国建材的重组企业过去各自为战，采购、销售、融资成本都很高，技术资源不全面，管理基础参差不齐，还存在市场交叉、内部竞争的隐患，因此必须通过一体化管理，将重组进入的企业聚合为一个整体，解决组织的负外部性，实现规模效益、协同效应。数字化指的是从定性管理到定量管理，强调"从原理出发，用数字说话"。之所以强调这一点，其实是有感于不少行政出身的企业干部，习惯于宏观、笼统、定性地说管理，有的民营企业家对数字也不敏感。但是，一家企业的经营业绩、成本等都是由数字组成的，如果对数字没有感觉，如何经营企业呢？靠"大概""也许"是做不好企业的。所以，我一直要求管理人员，必须看得懂财务报表，对KPI要倒背如流，必须紧盯经营数字。

第二个"五"是五集中管理模式（5C），即营销集中、采购集中、财务集中、投资决策集中、技术集中。营销集中是指改变成员企业各自做市场、跑客户的状况，制定统一的营销策略，优化营销资源、组织和渠道，统一开展具体工作。采购集中是指不再完全由工厂采购原燃材料、备品备件，而是采取地采与直供相结合的方式，统一控制库存量和最高限价。财务集中是指实现资金集中管理，做到统一调度、管理、使用和监控，通过整合资源盘活资金存量，通过集中融资降低财务成本。投资决策集中是指将投资决策权上移并集中到中国建材总部，确保全局战略的贯彻执行。技术集中是指解决各成员企业自身技术资源不全面、技术投入不集中的问题，加强集团资源共享，互通有无，并通过工厂间的对标优化提高运行质量，降本增效。

第三个"五"是五类关键经营指标（5I），即净利润、产品价格、成本费用、现金流与资产负债率。中国建材要求每个企业至少管好与自己相关的 5 个 KPI。中国建材从总部到业务平台，再到区域公司，开的大多是对标会，年初制定 KPI，月月对标、按季滚动、逐步优化。每次开会，各单位负责人都要先报 KPI，用数字硬碰硬，做得好不好大家一目了然。有了这个办法，各个层级的管理者都对自己公司的指标了然于胸。

这次杭州会议被国家建材局㊀原副局长、中国水泥协会前会长雷前治称为水泥重组部队的"三湾改编"。通过深度管理整合，中国建材不仅要把众多企业组织到一起，还要从市场控制力、企业效益、发展质量、协作融合等出发，对重组后的人员、市场、技术、品牌、文化等进行全方位的整合并持续改进优化，让各种资源发挥最大效能。

2011 年，"中国建材：推动中国产业发展"案例正式被哈佛大学商学院案例库收录，供全球各大高校选用。这个案例阐述了中国建材如何在中国水泥产能过剩、企业过于分散、恶性竞争的产业环境下，克服困难快速成长的实践。该案例对"三五"管理整合的独特模式做了详细介绍，为全世界了解中国企业的发展打开了一扇窗。

2016 年，我们又推动完成了原中国建材集团和原中材集团的整合，成立新的中国建材集团。我们对两材重组有着非常清晰的思路，重点围绕三件事展开：一是资源优化，如何让两材企业的众多资源更加优化，更好地推进供给侧结构性改革，提高企业自身的整体竞争力和经济效益，这是核心思想。二是市场整合，如何让国内、国际建材市场更加规范化，避免无序恶性竞争，降低单位成本，提高运行效率，这是整合的应有之义。三是通过整合如何真正实现 1+1>2 的效果，最终目标是提质升级，参与国际竞争。围绕

㊀ 全称为国家建筑材料工业局，已于 2000 年 12 月被撤销。

这些思路，我们制订了"三步走"的方案，第一步是集团层面的整合，第二步是上市公司的整合，第三步是业务平台的整合。我们当时提出"优化战略思路、优化总部机构、优化二级平台、优化制度体系"四大优化和"品牌文化整合、组织机构整合、水泥业务整合、国际工程业务整合、产融整合、产研整合"六大整合，在党建、组织、文化、制度、经营等各方面都实现了无缝对接，整个过程做得蹄疾步稳。两材重组后，协同效应日益凸显，综合竞争力和企业效益不断提升，重组速度之快之平稳，堪称央企合并的典范。

八大工法：企业制胜的法宝

中国建材有上千家成员企业，如何让这些企业清楚地知道集团的发展战略和文化，充分发挥资源集聚效应？在推行"三五"管理整合的基础上，我一直在思考一个问题：能不能从中国建材的管理模式中进一步提炼出简单易行的工法，听上去朗朗上口，用起来以一当十，便于一线管理者、员工记忆和使用。其实，这样的管理才能真正深入人心。

在我国，管理研究通常较多地强调它的理论性，而对实用性、可操作性有所忽略。受到日本企业工法理念的启发，2014年年初，我将过去多年的管理整合实践归纳为一套构架完整、提法精练的管理创新实践体系，命名为"八大工法"。它包括五集中、KPI管理、零库存、辅导员制、对标优化、价本利、核心利润区和市场竞合。这里，我简单地介绍一下：

- 五集中将重组进入的企业聚合为一个整体，解决了组织的负外部性问题，实现了规模效益和协同效应。
- KPI管理用数字说话，聚焦影响企业业绩的关键指标，围绕这些指标不断进行管理改进与提升。

- 零库存向精益生产要效益，通过加强物流管理，使库存在时间和空间上尽可能接近于零，有效利用资源，降低成本。
- 辅导员制复制成功之道，通过选派辅导员来帮扶能力较弱的企业，把优秀的企业文化和先进的管理理念复制过去，助其尽快实现文化与管理的融合，进入良性发展轨道。
- 对标优化以行业和内部优秀企业为标杆，以 KPI 为核心，定期对比主要经济技术指标，找出差距，做出改进。
- 价本利是过剩经济下的选择，与量本利模式立足于单一企业的盈利相比，价本利模式更着眼于市场、企业全局以及整个行业。中国建材的各级企业对外做好市场营销，对内力争以销定产，维护区域市场供需平衡，重构合理的价格体系。
- 核心利润区提升市场话语权。中国建材从全局战略出发，有重点地重组了区域内的一些关键企业，通过推进核心区域的联合重组和优化产业布局，实现了核心区域内资源与市场的合理有效配置，增强了对核心区域市场的影响力和控制力，在一定程度上获取了定价权，从而提高了企业的盈利能力。
- 市场竞合促进市场健康化。中国建材的理念是，要实现水泥行业的可持续发展，水泥企业必须转变观念，从恶性竞争变为市场竞合，大家共同培育和维护健康的市场。多年来，中国建材充分发挥大企业的引领和导向作用，成为维护行业秩序和系统健康的中坚力量。

和传统的企业管理方式不同，中国建材的八大工法既包括了内部管理体系，也包括了外部市场建设的管理体系，实现了内控成本与外抓市场的完美结合。为什么会把外部市场建设也纳入管理体系呢？这是因为，在长期应对过剩经济和恶性竞争的具体实践中,我们深刻认识到,市场经济就是过剩经济,全世界一概如此,关键是过剩后怎么维持市场秩序,怎么在过剩的行业里实现盈利。大企业肩负影响政策、健全市场、管理工厂的三大任务,对行业负有更大的责任,必须带领行业在过剩经济中摸索出一种新的活法。

俗话说,"没有不挣钱的行业,只有不挣钱的企业"。如果一个行业里的企业在市场中进行无序竞争,那就得靠天吃饭,如同汪洋大海中的一叶小舟,很难掌控自己的命运。因此,企业应树立大管理的理念,把企业内部的工厂和外部的市场结合起来,共同视为管理对象,既要做工厂也要做市场,既要眼睛向内也要眼睛向外,这样才能解决好行业健康发展和企业做强做优的问题。由此,中国建材不仅注重五集中、KPI管理、零库存、对标优化、辅导员制等内部管理方法,还推出价本利、核心利润区和市场竞合等外部市场管理方法。应该说,这几种外部市场管理方法远远超出了企业内部管理的范畴,是企业的经营理念或企业的市场"商法"。

八大工法这套组合拳是中国建材针对联合重组企业如何有效实施管理整合而提出的,并在企业管理实践中不断充实完善,以简驭繁、朴素实用,相当于中国建材管理方法的"武功秘籍",具有较强的实用性、可操作性与可推广性,极大地提升了中国建材的整体管理水平,成为中国建材赖以生存和制胜的法宝。

六星企业:好企业的标准

做企业应该有个标准,不然就分不清楚什么企业好、什么企业差。那么,中国建材的好企业应该是什么标准呢?这也是我常思考的一件事。想来想去,我将好企业的标准归纳为"六星企业",即业绩良好、管理精细、环保一流、品牌知名、先进简约、安全稳定。我们把"六星企业"作为中国建材集团所属企业的追求目标，在中国建材的每次年会上，都要评选一些"六星企业"。

业绩良好

业绩是企业的根本，业绩良好是好企业的首要标准。创造良好的业绩是企业生存与发展的前提，也是重要目标。任何企业都要以创造业绩为荣，以创造价值为荣。企业应围绕提升盈利水平和加强资产运营，重点考察主营业务收入、净利润、毛利率、资产负债率和报酬率等指标。

做企业这么多年，我对企业利润的看法也在不断变化。企业在过去隶属行政管理的时候，虽然也讲效益，但更重要的是完成任务，那些年我总是羞于把"赚钱"两个字挂在嘴边。后来，我逐渐想明白了，如果企业不挣钱，就无法实现健康发展。尤其是1997年北新建材上市之后，我的价值观发生了脱胎换骨的改变，从过去追求"任务型"转化为追求"效益型"，把利润最大化作为做企业的根本目的。到中国建材任职后，我也把绩效文化带了过去。

我是2002年3月到中新集团（2003年更名为中国建材）任总经理的，那时集团没有月度财务报表，所属企业的领导人也不清楚自己的年度经营指标。要召开工作年会时，我会让办公室给企业挨个打电话要"数字"。当时集团的一些干部也没有"数字"概念，一问就是大概齐、可能、也许。这些事情让我觉得不可思议。在北新建材工作时，我每天都在想经营上的问题，上个月盈利了多少，这个月盈利了多少。这是企业的核心，可是也有不少做企业的人没有这个概念。

2003年"非典"结束后，我去中国建材所属鲁南水泥厂调研。鲁南水泥人才济济，培养出了一大批新型干法水泥人才，是中国建材在水泥业务领域出管理、出人才的摇篮。当时厂里有两条日产2000吨的新型干法水泥生产线，是国内比较先进的大型水泥厂。但是由于一些客观原因，企业效益不够理想。在那次调研中，我给鲁南水泥厂的干部系统地讲解了企业的绩效观，讲做企业必须要有效益、有利润、有价值，这样企业才能更好地持续发展，不然企业的一切都是空谈。这是根子上的事，必须想办法解决。这对整个鲁南水泥厂的干部产生了很大的触动，大家逐渐提高了认识，自此鲁南水泥厂开始从管理迈向经营，后来创造了很好的业绩。之后，我把"绩效"写进集团的核心价值观，引导大家把"创造效益"作为首要目标，进而引入价值理念和数字化管理的观念。经过长期的熏陶和训练，中国建材早已形成以"多赚钱为荣、不赚钱为耻"的内部文化，绩效观深入人心，涌现出一批管理优秀、业绩优异的"明星企业"，而当年的鲁南水泥厂也早已成为集团的效益标杆企业。

管理精细

管理精细是好企业的第二个重要标准。好企业的管理必须是精细化的。我做企业时间长了，只要到企业里转一转，大体上就知道这家企业的管理水平如何，倒也用不着听汇报。企业员工的表情就是一面镜子，管理好的企业员工表情一般是幸福和友好的，而管理差的企业员工表情往往比较木然。

在管理学中，有一定实践意义的是组织行为学，它研究的是人在组织中所表现的行为和态度。著名的霍桑实验表明，人在不同的特定环境下有不同的表现。做企业既要让员工有好的收入待遇，又要关心大家的工作和生活环境，要让员工有好的精神世界。工厂环境美化了，员工热爱企业，客户也会对企业产生信赖。回顾早年在北新建材开展的"两园工程"，那时把改善员工的生活、工作、学习环境，与提高待遇、爱厂教育结合起来，大大地提高了员工的工作热情，以及他们对客户的服务热情，大家彼此之间互帮互助、互学互进，久而久之真的像一个大家庭了。

环保一流

环保一流是好企业的第三个重要标准，也是企业的重要品格。纽约市前市长迈克尔·布隆伯格曾在《城市的品格：纽约前市长布隆伯格的环境治理商业新方略》一书中探讨了气候变化、环境可持续性和能源发展等问题，还提到他推动的一个"纽约屋顶降温计划"，即在每个楼顶上都刷上白色涂料，因为浅色或反光，屋顶能反射热量，降低室内温度，从而降低建筑制冷能耗，有利于遏制气候变化。

我看了之后很受启发，于是结合中国建材的实际情况，写了《企业的品格》一文。所谓企业品格，是企业在经营活动和社会交往中体现的品质、格局和作风，反映了企业的世界观、价值观和组织态度。在企业品格中，坚持那些看似和企业眼前利益无关，甚至会影响眼前利益的品格至关重要。其中，以下几项品格又是最主要的企业品格，那就是保护环境、热心公益、关心员工和世界公民。

在企业品格中，保护环境应放在首位。大多数企业在运行中都会耗费能源和资源，从而让环境承受一定的负荷，但随着企业的增多，能源、资源和环境都会不堪重负。习近平总书记提出，"生态环境没有替代品，用之不觉，失之难存""必须树立和践行绿水青山就是金山银山的理念""像对待生命一样对待生态环境"。㊀改革开放以来，我国经济发展取得了历史性成就，也积累了大量生态环境问题，成为明显的短板。如今，我国不少地区土壤、地表浅层水遭到污染，进而严重影响了人们的健康，怎样保护和恢复我们的绿

㊀ 新华网. 生态环境保护多重要，听习近平怎么说［EB/OL］.（2018-05-18）［2022-02-16］. http://hn.cnr.cn/hngd/20180518/t20180518_524238017.shtml.

水青山就成为企业的重要责任。当然，随着绿色发展成为共识，绿色低碳经济正在不断壮大，只有积极行动、参与环境保护的企业，才会有长久的未来。

早在1962年，环保先驱蕾切尔·卡逊就在《寂静的春天》一书中描绘了由农药毒杀生物引发的生态悲剧。10年后，罗马俱乐部发布研究报告，提出"增长的极限"，讨论了可持续发展问题，认为资源能源的不可持续性是人类的最大麻烦。

但很快人们发现，比"增长极限"更为严重的是"生存极限"，即全球气候问题。据科学家测算，从工业革命到2100年，全球平均气温升高的上限是2℃，超过这个限度，地球和人类的生存将受到威胁。而人类工业化的进程中，地球大气中二氧化碳的浓度从工业革命初的100ppm到今天约417ppm，增长了超过3倍，其带来的后果就是目前地球气温升高已超过1℃，如果不加节制，到2100年全球平均气温将升高5℃~6℃。这是很可怕的问题，所以科学家提出，无论如何不能让气温再这样无节制地升高。2015年11月30日至12月11日，第21届联合国气候变化大会在巴黎召开，超过190个国家和地区签署了拯救人类未来的《巴黎协定》。《巴黎协定》的长期目标是将全球平均气温较前工业化时期（1850年）的上升幅度控制在2℃以内，并努力将温度上升幅度限制在1.5℃以内。

应国家发改委应对气候变化司的邀请，当时我也去参加了巴黎气候大会，作为企业代表在分会场"中国角"做了两场演讲，在欧洲分会场"蓝角"做了一场演讲，分享了中国企业在应对全球气候变化方面的做法，得到了很多西方朋友的理解。

2021年11月在格拉斯哥召开的《联合国气候变化框架公约》第二十六次缔约方大会，在《巴黎协定》的基础上达成了《格拉斯哥气候协定》，明确进一步减少温室气体的排放，以将平均上升气温控制在1.5℃以内。

在整个气温上升的过程中，二氧化碳是罪魁祸首。其实，氟利昂、乙醚等有机气体捕获热量的能力是二氧化碳的1000倍，但它们所占的总量少，而空气里二氧化碳的大量增加使得它们捕获大量热能，照射到地球的能量和返回去的能量不相等，于是产生了温室效应。温室效应将使全球气候持续变暖，一方面，极地及高山冰川融化，从而使海平面上升，一些沿海城市将会因海平面上升而被淹没。另一方面，地球将出现不可逆转的干燥，旱涝灾害、龙卷风等气候灾难也将增加。种种后果最终都将危害人类的健康和生命安全，不容忽视。我们必须采取各种措施来控制温室效应，抑制全球变暖。

要控制气温上升，需要世界各国的共同努力，减排温室气体，控制碳排放。自2020年9月以来，习近平总书记多次在重要场合和会议上讲到，二氧化碳排放力争于2030年前达到峰值，努力争取2060年前实现碳中和。⊖ 要兑现这一承诺，我们需要付出巨大努力。

绿色低碳循环发展，维护全球生态安全，这是每个企业公民应尽的义务。中国建材集团是中国企业追求绿色可持续发展的一个缩影。作为全球最大的建材制造商，中国建材集团秉持绿色发展理念，把保卫蓝天作为企业第一责任。在企业经营和发展要素中，按照环境、安全、质量、技术、成本顺序排列，各家企业全面启动蓝天责任行动。当然，这也是受到了韩国浦项钢铁做法的启发。

工厂往往会产生如下排放物：固体废物、超标液体和有害气体。现在，大多数企业都能做到固体废物和超标液体的零排放，对排放气体也都进行了脱硫和脱硝，只是对二氧化碳还不能做到零排放，目前能做的只是如何减排。中国建材在工厂环境管理上都比较严格，如果哪家工厂排放物不达标，

⊖ 人民日报. 人民日报评论员：确保如期实现碳达峰碳中和 [EB/OL]. (2021-10-25) [2022-02-16]. http://www.gov.cn/xinwen/2021/10/25/content_5644701.htm.

宁可关掉这家工厂。

品牌知名

品牌知名是好企业的第四个重要标准。品牌是一个社会经济发展的产物，尤其是商业发展的产物。改革开放前后，我国出现了一些不错的品牌，如飞鸽自行车、上海牌轿车、中华牙膏、美加净等，以及后来涌现的春兰空调、北京牡丹牌电视、雪花冰箱等。随着改革开放的进一步深入，我国企业遇到了两个问题：一是自身在成长中遇到了一些困难；二是外资大规模进入中国，包括合资和独资，这使得我们刚刚成长起来的品牌受到了市场竞争的冲击。结果，诸如中华牙膏、美加净等都与联合利华等外资品牌合资了。

中国加入 WTO 以后，进一步开放市场，用市场换资本和技术。回过头来看，整个政策是成功的，因此迎来了中国经济的高速发展。但从产业界来看，中国企业在品牌方面也有所牺牲。

过去，我国制造企业不少采用代工模式，全世界知名品牌的箱包等大部分是在中国生产的。跨国公司在中国开设工厂，生产的产品销往全球。在此过程中，我国企业的生产水平确实得到了提升，产品质量也是有保证的。然而，我国企业在品牌建设上却不尽如人意。

我们在大街上看到的都是"万国"汽车，真正的自主品牌不多，不像日本和韩国大街上行驶的多是本国品牌的汽车。这些车基本都是在中国合资制造的，这就意味着去掉品牌的税费、技术费等，中国车企挣的只是制造的工钱。茶叶行业也缺少品牌、多讲品种，比如龙井、碧螺春、大红袍、普洱等都是品种，而立顿红茶在全球市场上具有很强的品牌竞争优势。没有品牌的品种是没有竞争力的。当然，也有品牌做得好的行业，比如家电基本实现了自主品牌化，美的、格力、海尔都不错；酒业也做得不错，茅台、五粮液都是国际化品牌。像五粮液酿酒古法工艺从唐代传承至今，已有上千年历史。经典五粮液之所以能成为中国浓香型白酒的典范代表，并受到大家的喜爱，就是因为它的酒体陈香更加优雅、窖香更加浓郁，承载了时代回忆和独特情怀。

品牌和质量有着直接的联系，但两者又有不同。质量是品牌的必要条件，也是品牌的核心内容，只有那些质量和服务长期一贯好的企业才可能形成自己的品牌，没有过硬的质量就没有响当当的品牌。但品牌又不全是质量，品牌是在质量的基础之上加上设计、文化、营销理念等形成的价值综合体。比如给国外做外包的箱包厂生产差不多的产品，如果用自己的品牌，可能只卖几百元，但贴上知名品牌的牌子就可能卖到上万元，这就是品牌的价值。

品牌是企业重要的无形资产。因为在这个时代，各种产品制造、技术迭代都很快，一家企业能做，其他企业很快也能做。未来所有的技术都可以同质化，所有的企业都可以同质化，唯独什么不一样？那就是品牌。汽车的生产线都是一样的，但是最后做出来的汽车贴着不同的标牌。"21世纪的组织只有依靠品牌竞争了，因为除此之外，它们一无所有。"德鲁克先生的这句话说得非常好，这里的它们是谁呢？那就是企业。企业如果没有品牌就一无所有。

品牌问题至关重要，现在已经进入一个由质量跨越到品牌的时代。过去常讲"酒香不怕巷子深"，现在看来酒香也怕巷子深，产品质量再好也要树立产品品牌。对企业家来讲，大家应该有这样的意识，不能只是一味地做好产品，还要围绕品牌工作下点功夫。有工匠精神、做好产品质量是前提，但是企业仅做好这些，不见得在市场上就一定能赢得客户。

2021年5月，我参加了东莞举办的首届东莞品牌节。我们都知道微笑曲线，嘴角的一边是研发，另一边是品牌，中间最低的是加工。没有品牌只能代工的制造企业，获利是最低的。比如手机代工，一部手机的加工费可能只有几块钱的毛利，利润很薄，而品牌制造商却有上千元的利润。东莞是全球重要的制造业基地，现在十分重视品牌发展，提升产品核心竞争力——这是非常重要的一件事，我也希望东莞能从一个制造大市变成一个品牌大市。

我国目前是制造大国，但还不是品牌强国。在《福布斯》公布的2020年全球品牌价值排行榜里，前100家只有华为一家中国企业。我们要有一定的话语权，就必须有自己的品牌评价系统。尤其是在双循环背景下，企业首先要考虑国内14亿消费者，然后再面向全世界，这一点值得深入思考。日本企业把最好的产品卖给国内消费者，因为它们认为，国内消费者才是它们的长期消费者，国内市场才是它们的长期市场。而我国企业的做法恰好相反，出口转内销的产品意味着质量很好，现在我们必须改变这些认识。

在品牌建设方面，我国企业要认真研究瑞士、日本、韩国等国家的品牌经验。瑞士是一个创造品牌的国家，尤其是手表行业，日本的精工、卡西欧，中国的上海牌、天津牌、海鸥等各种各样的手表，做得都非常好，但就是卖不出价钱来。而瑞士人过几年就能制造一款售价几十万元的手表，而且总能流行一段时间，这究竟是怎么回事？我带着这个问题专门拜访了瑞士的一些公司，学到了一句话：品牌工作是一把手工程。虽然只有一句话，但这句话很有用。格力电器董事长董明珠主抓品牌工作这么多年，自己还成了品牌形象大使，就是很好的例子。

习近平总书记在中国一汽集团研发总院考察时指出："一定要把关键核心技术掌握在自己手里，我们要立这个志向，把民族汽车品牌搞上去。"[1] 最近几年国潮复兴，李宁、安踏、飞鹤奶粉等不少好的国产品牌正在迅速地

---

[1] 人民网–人民日报. 中国一汽 创新擦亮自主品牌（"十三五"各地经济社会发展新亮点）[EB/OL].（2020-12-27）[2022-02-16]. http://qh.people.com.cn/n2/2020/1227/c182754-34496937.html.

崛起。2021年10月18日，市场首只可以在二级市场交易的投资民族品牌工程指数的基金——富国中证新华社民族品牌工程ETF（以下简称"国货ETF"）在上海证券交易所鸣锣上市。国货ETF的发行上市，将填补市场空缺，为广大投资者提供民族品牌指数化投资工具，共同分享国货龙头长期投资价值，让更多投资者分享民族品牌成长红利。对企业来讲，应该抓住中国品牌这个风口，把更多心思放在做品牌上。我国企业要积极打造一流的品牌，占领国内市场，并逐渐进入国际市场，让世界爱上中国造。这是中国制造向中国创造、中国速度向中国质量、中国产品向中国品牌转变的必然结果。

我原来在国药集团做中药时，很希望能把人参业务做起来。于是我到韩国正官庄看高丽参，正官庄的参分为天参、地参、良参，天参一盒7万元，地参一盒4万元，良参一盒1万元。我们在北京买到的都是良参，天参极少见。首尔的机场也没有天参，只有地参和良参。这是怎么回事呢？为此，我到正官庄一探究竟，发现人参都是培植出来的七年参，但是要经过清洗和挑选，一千根里挑一根天参，一百根里挑一根地参，剩下的是良参，再分别包装售卖。相比之下，我国的人参产量极大，价格却比较低。如果企业不控制产量，像卖萝卜一样卖人参，价格怎么能上去，怎么能做出品牌来呢？所以，企业要有品牌、有故事，才能向高端化发展。

在品牌方面，有几项工作至关重要：

- 一要认真研究国际品牌形成的内在原因，提高我们对品牌的认知水平。品牌是一种精神自信。
- 二要制定品牌战略，把品牌塑造工作作为企业工作的重中之重。
- 三要树立创造自主品牌的自信心。信心在什么地方？改革开放以来，我国经济快速发展，社会生活发生了日新月异的变化，高铁、机场等基础建设都处于世界领先水平。"90后""00后"这些年轻人看到的是和过去截然不同的景象。我们要提升民族自信，既不要妄自尊大，也不要妄自菲薄，而要实事求是。我们要整体设计、协调联动，由优秀企业带头，更多企业跟进，积极宣传和维护自主品牌，讲好中国品牌的故事，提高全球市场对中国企业和产品品牌的认知度。

- 四要大力弘扬创新精神和工匠精神，用硬核科技和完美质量树立中国制造形象。简单地说，就是要把产品做到极致，摆出来赏心悦目。我到上汽集团参观，300个艺术家在设计模型，现场音乐放得很响，年轻人将头发染成各种颜色。上汽集团的领导告诉我，这是鼓励和激发员工的创造力。
- 五要做好设计和细节。以旅游业为例，中国的大好河山风光秀美，建设得很好，关键在于品牌建设、服务细节上还有待改进。
- 六要加大品牌投入。品牌塑造是个长期过程，也是个投入的工程，企业要重视品牌工作，要下得了决心加大品牌投入。当然，企业也要对品牌进行精心设计，好钢用在刀刃上。

先进简约

先进简约是好企业的第五个重要标准，也是优秀企业共同的追求。那么，什么是先进简约？这也是大家常问我的问题。先进简约是指企业建工厂时在工艺、设备等经营性设施上要舍得花钱，不能凑合，而在非经营性设施投资上要少花钱，尽量做到简单。

早些年，我曾去英国罗尔斯－罗伊斯公司参观，它是做飞机发动引擎的。引擎太复杂了，外面包着金属层，里面实际上全由导线连着，一根带一根，技术人员负责接线头，接错一根都不行，这样的工作难度很大。而罗尔斯－罗伊斯公司的厂房虽然年代久远，但很整洁，工厂里的办公室也极其简单,却生产着全球一流的产品。我主张做企业就应该这么做,不要在那些非经营性项目上做过多的投入,这一点十分重要。

企业应该秉持为投资人省钱的节约原则,把钱真正投到技术和装备上,而绝不应该在非经营性项目上多花一分钱。例如,海天味业这家公司从一开始购买的设备都是德国制造的,但是直到上市,公司才买了一辆德国奔驰车作为公用车,而且它的办公楼也很简单。

中国建材旗下的水泥厂、石膏板厂的装备都很先进,但厂里的办公楼、倒班宿舍和员工食堂都很简朴。有一些基金投资人去工厂参观时常常感叹,一家《财富》世界500强企业竟然如此简朴。其实,工厂就应该回归生产经营这些最基本的活动,而不去做那些华而不实的表面文章,更不能多花股东的钱。

安全稳定

安全稳定是好企业的第六个重要标准,也是企业的大事和底线。在这里,安全包括两个方面:生产安全和产品安全。对于安全,我们没有一劳永逸的办法,只能是从日常管理入手一点一点地抓,绝不能"平时不烧香,临时抱佛脚"。目前生产安全除了日常的疫情防控,关键在于不能发生重大责任事故,这一点既反映出企业管理人员的水平,也反映出员工的工作水平和管理制度是否健全。产品安全越来越成为企业必须重视的安全问题,比如,建材要保证质量和无害化,医药要完成各种检测并把副作用降至最低。一个安全事故频发的单位,一把手肯定是不称职的。

稳定就是企业里不能发生群体性事件。企业要积极主动化解内部矛盾,避免积累大的矛盾,否则矛盾一旦爆发,就不可收拾了。发生问题时不能激化和扩大矛盾,企业领导要走到前面指挥,不推诿,不回避,关键是要关心员工与弱势人群,处事温和、公平。在处理利益时,企业领导要能先人后己,还要一碗水端平、一视同仁。

总之,"六星企业"不仅是一套评价标准,更是一套管理方法,每个标准都有相应的建设内容和自查绩效指标,指引企业通过逐项指标自查,不断提升管理水平。做企业一定要有标准,让员工知道目标,再找到一些方法,持之以恒。

北新建材就是一家六星企业。几十年来,北新建材一直保持良好的盈利,负债率很低,而且几乎没有应收账款。对这样一家主产品为石膏板的企业来讲,做到这些是极其不容易的。北新建材多年来坚持"质量一贯地好、服务一贯地好"这些朴实无华的经营文化,把石膏板业务做到极致,从最早推行 TQC 到严格的 ISO 9000 质量管理贯标,再到推行卓越绩效模式(PEM),用这些先进的质量控制方法,把产品做得尽善尽美。目前,北新建材是全国建材行业唯一获得中国工业大奖、全国质量奖、亚洲质量奖大满贯的单位。北新建材也是六星企业中先进简约的典范,投资一条年产 2000 万平方米的生产线控制在 1 亿元以内,每年大概产生 3000 万元的净利润,3～5 年就可以收回投资。北新建材使用的原料大都是电厂的脱硫石膏,不仅帮电厂处理了固废污染,还降低了原料成本,也是一种循环经济。

第6章

成本对标化

管理是要正确地做事,经营则是要做正确的事,作为企业经营者,既要消灭企业中的不合理现象,又要提高质量,降低成本,增加效益。对标管理就是一种有效的管理方法,它可以使企业的各项指标该升的升上去,该降的降下来,稳定提高企业效益,降低企业发展风险。

对标优化:降本增效的利器

对标管理由美国施乐公司于20世纪70年代末首创,是现代西方发达国家企业管理活动中支持企业不断改进和获得竞争优势的重要管理方法之一。顾名思义,对标管理就是以行业内外的一流企业作为标杆,从各个方面与标杆企业进行比较、分析,通过学习他人的先进经验来改善自身的不足,从而赶超标杆企业,不断追求优秀业绩的良性循环过程。

对标优化是对标管理的应用实施,它的核心思想是以行业和内部优秀企业为标杆，以 KPI 为核心，定期对主要经济技术指标做对比、找差距，不断改进和提升。中国建材结合自身实践，把对标管理提炼为"对标优化"的工法，具体来说就是对外对标、对内优化。

对外对标，是指企业在日常生产经营活动中选择相关的国内外一流企业进行主要经济技术指标、精细化管理等方面的对比和学习。例如在水泥行业，中国建材坚持与海螺水泥、拉法基豪瑞等优秀企业进行对标。记得刚重组徐州海螺时，我不知道该怎么管理水泥厂。时任海螺集团董事长郭文叁告诉我，水泥厂不难管理，关键是做好两件事：一是管理好中控室的操作员，每个月把各个工厂操作员的指标进行对标，实行末位淘汰；二是工厂之间对标，吨煤耗、吨电耗、吨油耗、吨球耗、吨耐火砖耗、吨修理费等各项成本指标要持续对标。借鉴这些优秀企业的做法，有助于本企业不断降低成本、消耗、管理费用、销售费用等，实现各项经营指标持续优化。

对内优化，是指集团公司在内部成员企业之间开展对标，逐步优化业务指标。就像袁隆平从大量的稻子中选一个好的稻种一样，集团公司应该从众多优秀企业中选优，不断发现并推广优秀企业的管理经验与方法，并迅速在同类企业内推广，从而实现整个集团业务的不断改善和优化。当众多管理方法放在一起的时候，你会发现谁更优秀，这就是集团公司的优势。

中国建材集团就是这样做的。在大的参照系下，在集团外部，哪家企业有好的经营管理方法，中国建材就主动上门学习；在集团内部，哪家企业有节支降耗的好做法，其他成员企业就会快速借鉴并复制，哪家企业做得不好，就会成为"被帮扶对象"。互相参照之下，既是一种激励，又是一种鞭策，大家你追我赶，互相学习借鉴，形成比学赶帮超、先进带后进的良好氛围。

在对标优化的实施过程中，中国建材还进一步梳理出流程上的四大关键点：

- 在全集团范围内培育绩效文化。
- 寻找表现突出的内外部标杆企业。
- 定期讨论、总结经验、形成模板、迅速推广。
- 落实提高,把经验与实际工作相结合。

在对标优化机制的带动下,伯乐相马变成了赛场赛马。例如,浙江南方水泥严格落实南方水泥的精准对标要求,积极与区域外先进企业进行对比和学习,并在区域内开展全区域和小片区的精准对标,找差距、定措施、抓落实,形成一个内部优化的管理机制。企业各项关键绩效指标(KPI)放到会上进行直观的对比,好不好一目了然。精准对标对的不仅仅是关键绩效指标的几个数字,还是企业管理人员的专业技术和管理水平。通过对标优化,就指标先进企业好的做法而言,其他兄弟企业能借鉴的借鉴,不能直接借鉴的可以找到改进的突破点,既催生了外部竞争的压力,又激发了内在优化的动力。

KPI 管理:让管理者习惯用数字说话

KPI 管理,指的是聚焦影响企业绩效的关键指标,围绕这些指标不断改进与提升管理水平和企业绩效。企业绩效是用数字呈现的,要了解企业的现状首先必须了解企业有关的 KPI 数字。实际上,不仅改进企业的管理水平要紧盯这些数字,而且衡量企业绩效也要用这些数字说话。

作为一家上市公司,中国建材股份有限公司本着对投资者高度负责的态度,自成立以来就确立了绩效导向型企业文化,秉承数字化管理理念,按照关键绩效指标管理方法,每年将企业的经营目标层层分解为可操作的数字化目标,在实施过程中动态监测、滚动调整、确保落实。

根据企业所处的不同发展阶段及各业务平台的具体情况，KPI 也可以有所不同。具体而言，KPI 管理可以分为三个阶段：

一是制定指引。年初，在综合参考同行业公司数据、本公司历史情况和内外部期望值三个方面因素的基础上，结合形势分析和预测，经过自下而上和自上而下的反复研究论证，形成公司本年度的 KPI 指引。各分支机构按照 KPI 指引对各项指标进行层层分解并落实。

二是动态调整。每月对 KPI 进行分析，找出同比有哪些进步和不足，研判分析不足之处是源于外部原因（如宏观经济政策变化、市场环境变化、竞争对手策略变化等）还是内部原因（如经营管理不当、市场营销不力、历史遗留问题未解决等），并以此为依据调整 KPI 指引。

三是目标倒逼。定期公布 KPI 完成进度，用目标倒逼生产经营管理活动，鞭策企业努力完成年度指标，确保从年初开始就不断滚动更新的 KPI 指引能真正落到实处。

中国建材总部十分强调数字化管理，并将绩效导向型企业文化向成员企业广泛传达。被联合重组进来的企业在管理水平上参差不齐，经营业绩较一般的企业在介绍工作的时候，习惯用"大概齐、差不多"，这种糊里糊涂的"差不多先生"是很要命的。为了改变这种情况，就要建立一套统一的管理话语，这就是 KPI 管理，核心就是数字化。中国建材在各种会议上都讲求用数字说话，每月进行 KPI 对标，各业务平台负责人逐一对 KPI 的完成情况做出报告，主要涉及"5+10"个 KPI：

- 价格、成本、销量、单位销售费用、单位管理费用；
- 应收账款、其他应收款、预付账款、存货、货币资金、有息负债、资本开支、资本负债率、压减法人个数、员工人数。

这些 KPI 有的是企业经营情况，有的是财务指标，有的是当期管理任务，基本覆盖了企业日常生产经营活动的关键点位，成为全年工作的核心指标。通过这种方式，让管理者习惯用数字思考问题和用数字说话，树立绩效文化。这样，各个层级的管理者都会有压力和动力，一起努力提升KPI，提高企业的总体经营绩效。

零库存：加快资金周转速度

零库存，就是实施集约化管理和精益生产，该理念源于日本丰田的准时制生产（just in time，JIT）方式。其中，"精"要求投入的生产要素少而精、不浪费，在适当的时间生产必要数量的产品；"益"则要求所有经营活动都具有经济效益。

丰田汽车流水线旁边有一个三五米宽的过道，摆满了供应商推进来的各种零部件，但在这里只能存放2个小时，供流水线组装使用，流水线上的车也都是客户预订的，完成组装后马上可以出库，这就是丰田的零库存。

早在20世纪六七十年代，丰田就全面实行了零库存管理，做到按需生产、适时生产，通过生产过程整体优化，改进技术，理顺物流，杜绝超量生产，消除无效劳动与浪费，有效利用资源，降低成本，改善质量，达到用最少的投入实现最大产出的目的。关于零库存管理，需要明确以下两点：

首先，零库存并不等于库存是零，而是通过加强物流管理，使库存在时间和空间上尽可能接近于零。

其次，零库存不仅应用于准时制生产的场景，还应用在资金层面应收账款的合理控制上，力争实现零应收账款。

中国建材在管理整合中贯彻"零库存"理念，将原燃材料、备品备件、产成品库存降至最低限，并加快周转速度，从而减少资金占用、避免资源浪费、降低生产成本。具体做法是从两方面着手抓好零库存管理：一是发布库存指引，各基层企业严格执行，原燃材料、备品备件按需采购，产成品随行就市、以销定产。二是加大监督检查力度，将库存作为一项重要考核指标，专职人员对库存量实行监管和监控。

零库存管理理念的导入为中国建材带来了经营方式的极大改变。以煤炭采购为例，过去部分水泥企业趁价格低位盲目采购大量原燃材料来节约成本，造成库存积压，占用大量资金，但由于原燃材料市场价格涨跌难料，这给企业带来较大的经营风险。因此，中国建材确定了煤炭实时采购的做法，要求各企业根据生产经营所需确定最小库存量，即买即用，从而降低采购成本和库存管理成本，减少资金占用量，加快资金周转速度。

另一个贯彻"零库存"管理理念具有代表性的是北方水泥。东北三省冬季气候寒冷，是施工淡季，水泥需求骤降，水泥企业以前普遍"冬储"，即在冬季依然生产，导致产品大量囤积，再以低价赊销产品。这样做的后果，一是产品库存费用高，二是供需脱节导致产品价格低、市场环境差，三是由于储存时间长导致水泥产品质量下降。北方水泥以"冬销"替代"冬储"，即根据市场需求，以销定产，冬季没有需求时停产进行设备检修维护，旺季到来再开启生产。这样既减少了生产和库存资金占用，降低了财务费用，又维护了市场秩序，保证了产品的合理价格，还减少了因产品质量降低而带来的浪费和质量隐患。

辅导员制：员工培养的长效机制

有一次，我在《哈佛商业评论》杂志上看到一篇文章，它介绍了丰田汽车在世界各地制造的汽车质量都是一样的，因为它在全球各地拥有3000名辅导员。比如当年在天津生产丰田汽车的时候，它就派来一些辅导员，和中国工人一起干，手把手教会了再走。这就像学开车，辅导员相当于副驾驶座上的教练，手把手教你怎么做。丰田汽车的辅导员制是一个很好的管理方法。

中国建材是一家通过联合重组发展起来的企业，许多联合重组进入的企业情况各异，管理水平参差不齐，企业文化各不相同，而有些客观问题仅靠这些企业自身从内部解决殊为不易。如果把中国建材比成一只木桶的话，那么这些新进入的企业就是构成这只"木桶"的一块块"木板"，而这些"木板"长短参差不齐，只有加长每一块短板的长度，才能使整只木桶发挥最大的功效。因为一只木桶能盛多少水，取决于最短的那块木板的长度。受到丰田汽车辅导员制的启发，中国建材也选用了"辅导员制"来实现"短板"的加长。

所谓辅导员制，就是利用集团公司的人才优势、技术优势和管理优势，向新进入企业派驻辅导员，将先进的技术工艺、管理理念和企业文化通过直接有效的渠道复制到由联合重组进来的企业中，使这些企业在最短的时间内补长"短板"，及早发挥潜力，产出效益。辅导员制之所以能真正发挥作用，是因为不单进行技术辅导，还通过系统的文化、制度和业务整合，让由联合重组进来的企业导入集团公司的核心价值观和经营管理理念，优化组织管理，建立、运行与业务协同体系相融合的制度体系。

中国建材的辅导员制，充分发挥了集团公司的人才、技术、管理等资源优势，在整个集团公司中选拔管理、生产、技术、市场等方面的专家能手作为辅导员，派驻到相关能力较弱的企业，帮助企业提高短缺的能力，以提升企业的综合水平。辅导员把各类行之有效的经验推广开来，对目标企业进行统一化、制式化管理，导入文化理念，规范管理体系，实现由"单一企业管理改进"到"公司业务协同"，再到系统管理整合的整体提升。

为了确保辅导员制有效运行，集团公司需要从整体上建立一套机制，具体做法如下：

- 选拔和任用。辅导员都是技能高超的专家能手,如"管理高手""市场能手""成本杀手"等,他们大多来自标杆企业。针对不同性质、不同文化、不同背景的重组企业的不同问题,集团公司会选派相应领域的专家能手。
- 培训。通过培训,辅导员可以系统地了解自身的工作任务和权责界限,在此过程中也会进一步磨炼和加强与解决实际问题相关的能力。
- 派驻企业,开展辅导。所派出的辅导员,并不是取代企业原有人员去开展日常生产经营工作,而是帮助企业分析、解决重点和难点问题,建立长效机制。在企业实现相应的能力提升后,辅导员就会有序撤出。

辅导员制在管理整合中发挥了巨大功效,很多原本落后的由联合重组进来的企业都被"点石成金",不仅很好地融入了集团公司这个大家庭,而且很快实现了较好的经济效益。例如,中国建材旗下的中联水泥重组泰山水泥时,该企业的情况是上半年亏损6000多万元。中联水泥在对泰山水泥运营情况进行详细的调研和分析后,针对它存在的突出问题,派出5名生产工艺、市场营销、采购等方面的辅导员,帮助它改进生产流程,改善营销、采购、生产管理。经过一段时间有的放矢的帮扶,泰山水泥一举扭亏为盈,在同年下半年实现净利润7000多万元。此后,尽管辅导员撤出了,但这家企业仍一直保持较好的盈利水平。内蒙古乌兰察布水泥也是如此,集团公司派驻辅导员之后,通过迅速止血、造血,一家连年亏损的企业迅速转变为盈利企业。

大家可能认为,这些创造了巨大价值的辅导员会有很高的待遇。其实不然。除了日常工资外,这些辅导员每月只有很少的象征性津贴。这些从集团公司内部标杆企业中选拔出来的优秀干部或员工,他们做辅导员的动力并不是经济上的回报，而是一种自我价值的认可。一些本来可能要在车间干一辈子的普通员工，因为被选中做了辅导员就可以跨越大半个中国，到另一个工厂传道授业、获得尊重，这是一种自我价值的实现。所以说，在企业管理中，收入待遇固然重要，但能激发兴趣更重要，要让大家活学管理、乐在其中，而不是将管理作为额外负担。我们过去总说交流经验，相比之下，辅导员制要更高一个层次，这种制度让辅导员更有责任感、荣誉感、成就感，也是管理兴趣化的一种实践。

实践证明，辅导员制是非常成功的。首先，它是一套管理模式，通过派驻辅导员，优化管理方法，传播文化理念，提升经济效益；其次，它也是一套严谨的人才培养体系，为企业员工量身定制培养方案，通过有针对性的辅导，加速员工综合能力或技能的提升，一大批优秀人才脱颖而出，成为企业的管理骨干。因此，辅导员制既可以说是企业在快速发展形势下应对人才需求和市场竞争需要的一种管理创新模式，也是学习型组织建设的一种实践和有效载体。

第7章

质量贯标化

质量是企业的生命,企业一定要把质量放在第一位,扎扎实实地做好每个细节。做企业、做产品、做服务,从根本上讲,做的就是质量。要保证产品质量,企业需要做长期而细致的工作,不仅要有责任心,还要全员参与。质量管理的核心要义不只是要最终检查出多少不合格品,而是要在生产前端和全过程采用先进的管理方法,以尽可能减少最终的不合格品。质量是一个系统工程,企业要贯彻系统的质量标准,不仅要做好TQC和TQM(全面质量管理),还要做好ISO 9000和PEM的认证、贯标。

全员参与:做好质量,人人有责

产品质量是企业活动所有环节、所有人员全部工作的综合反映。企业中任何一个环节、任何一个人的工作质量都会不同程度地直接或间接影响产品质量,因而必须充分调动企业所有人员的积极性和创造性,不断提高人员的素质。上自厂长下至工人都关心质量问题，人人做好本职工作，才能生产出用户满意的产品。

全员参与不是让员工不分主次和不分程序地参与企业活动，而是让承担不同职责的员工参与不同的企业活动，而且不同员工参与企业活动的方式和内容也有所不同。全员参与需要有效的沟通渠道，企业一方面让员工能将自己的意见或建议及时地向有关领导或管理者反映，另一方面应及时地将处理结果下达，做到上传和下达均畅通无阻。

全员参与需要进行有针对性的培训。首先，企业要通过质量意识教育，提高员工的质量意识，让员工认识到质量工作无处不在，时时刻刻保持清晰的质量意识。其次，企业要针对不同岗位的员工进行不同岗位的质量教育，让员工牢固树立"下一道工序就是客户"的观念，不接收上一道工序的不合格品。同时，企业要开展质量预先控制活动、自检活动、互检活动、中间性抽查活动、监督活动、质量改进活动等，对在质量工作中成绩突出的员工或团队给予奖励，激发员工积极参与质量工作。

今天我们有两面镜子：一面是美国企业的方法，也就是"创新＋资本"，推动快速发展，如特斯拉；另一面是日本和德国企业的方法，也就是"技术＋管理"，把产品做好、做到极致。在西方体系里，企业将美国的"创新＋资本"与日本和德国的"技术＋管理"进行分工和配合。2018年，我到日本时见了一家日本企业的社长，在和他的长谈中了解到，全球化背景下的美、德、日在工业上互相配合，美国人创新，日本人和德国人制造。

中国的企业应该把这两者结合起来，吸取两种模式的优点，形成一种新的路径，既有"创新＋资本"，也有"管理＋技术"。前不久我去了宁德时代，它很好地把"创新＋资本"和"技术＋管理"两种模式结合起来，形成了企业发展的综合优势。这家公司成立于2011年，主营业务是为绿色交通网提供动力电池系统与服务，为清洁能源存储提供解决方案与服务，现已成为消费类锂离子电池全球龙头企业。对锂离子电池而言，正极和电解液是非常核心的技术，尤其是电解液配方，是公司最高等级的机密——目前掌握全部配方查询权利的并不多。好的技术还要有好的制造，宁德时代拥有行业领先的智能制造系统，通过顶尖技术团队的自主研发，持续引领设备及工艺创新，生产自动化、智能化及信息化达到世界一流水平，生产效率全球领先。为了保持产品的一致性，宁德时代内部提出了"极限制造"的理念，以零缺陷为最终目标，在极复杂的工艺流程中实现了极快的生产速度和极高的质量要求。平均 1.7 秒产出一个电芯，20 秒产出一个模组，2.5 分钟产出一个电池包，通过超过 3600 个质量控制点，力求将产品缺陷率从 ppm（百万分之一）级别优化到 ppb（十亿分之一）级别，长期可靠性覆盖 16 年或 200 万公里的全生命周期。这些技术优势使得宁德时代市值超过了万亿元，效益也比较好。

贯彻系统的质量标准

我在企业供职 40 年，最开始从事的一份工作就是做车间技术员，主要负责产品质量检测。40 多年前，我们连一本像样的质量管理图书都不好找，到王府井大街的外文书店只能买本由我国台湾省引进的《质量控制》，那是由日语翻译过来的。当时，我们只能通过这本书学习怎么进行质量控制，怎么推行 TQC 小组，等等。实际上，我国企业在改革开放后的管理也是从质量管理开始的，从学习日本企业的 TQC 和 PDCA 循环开始，不断提升质量管理水平。

20 年前，我曾去日本丰田汽车公司参观，2018 年再次专门去拜访丰田公司，参观了它的生产流水线。让我感到惊讶的是，20 年过去了，丰田公司现在用的还是最初的那些管理原则，如看板管理、零库存等。有一个情景给我留下了极为深刻的印象，在汽车组装好后，一个工人拿着小锤子，会敲敲每个螺丝、螺栓，听声音，看拧得是不是适度。这让我想起 20 年前也看到过同样的情景，真是几十年如一日。质量是企业的生命，企业一定要把质量放在第一位，像丰田工人敲小螺栓一样，扎扎实实地做好每个细节。

做企业没什么诀窍，就是要把常挂在嘴边的几项工作做好。比如大家经常讲，客户是"上帝"、安全重于泰山、质量第一等，是否都做到了，还是仅停留在口号上呢？企业一定要把质量做好，我主张为了质量要有过剩成本，哪怕成本多了一点。

我们做企业、做产品、做服务，从根本上讲做的是质量。在工厂里，个别技术人员搞负公差，这是我坚决制止的。举个例子，某石膏板的厚度为（20±0.2）毫米，即该石膏板的标准厚度为 20 毫米，最大厚度是 20.2 毫米，最小厚度是 19.8 毫米。其中，+0.2 就是正公差（也叫上差），-0.2 就是负公差（也叫下差）。其实，该石膏板的厚度在 19.8～20.2 毫米范围内都是合格品。我在生产线上做过质量控制，知道只有公差，从来没有什么负公差，搞负公差是想通过合理的"偷工减料"来降低成本。那时的任务就是尽量减少公差，使产品尺寸、容重等更加精准。俗话说"一分钱一分货"，企业的产品可以贵一些，但是必须保质保量。

"质量上上，价格中上"是我在北新建材工作时提出的，一直沿用至今，就是在质量上要有过剩成本，把产品做得更好些。这样做虽然要多承担一些成本，但能因此铸就品牌和赢得长远利益；在确保质量的前提下，要保持价格稳定，既不搞价格战，又要适当让利，维护客户的长期利益。按照这一原则，北新建材的龙牌石膏板成为我国少有的产品价格高过外资品牌，却卖得最好的产品。

我们在做质量管理的时候，不只是态度要严肃、要认真，最重要的是要掌握一些方法。围绕质量管理，北新建材学习过日本企业的管理工法，开展了"TQC 活动"，车间班组还成立了"TQC 小组"，这些活动对北新建材增强质量意识和提升质量管理水平起到了基础性的作用。那时，ISO 9000 质量管理体系认证工作在我国刚开始兴起，并没有被强制推行。1994 年，北新建材率先在行业内导入质量管理体系，用国际先进的系统化理论方法规范公司产品质量管理过程，于 1995 年通过了中国质量协会质量保证中心的认证审核。北新建材当时聘请了一家法国公司进行质量管理体系认证工作，我担心认证流于形式，因此提出要做就真做，严格按照 ISO 9000 标准建立国际一流的质量管理体系，接受最为严格的认证。我在工厂工作那么多年，只有这件事不是主管部门安排的检查，而是企业"自找"的检查。围绕质量体系建设，北新建材当时做了大量的系统性工作，从厂长到每一位职工都有相应的质量责任，先后导入了规范公司环保行为、员工健康和生产安全的环境管理体系以及职业健康安全管理体系等管理体系，推动企业从粗放型管理转化到规范化、系统化管理，促进了企业管理水平的提高。经过消化吸收，北新建材将这些先进的管理方法和手段与公司的管理理念和实际情况有机结合，形成了独具北新特色的 QEMS 管理体系，确保了自身健康发展。

到 2004 年，我国企业开始引入美国的 PEM，并建立了国家标准的《卓越绩效评价准则》（GB/T 19580）。PEM 是当前国际广泛认同的，兼顾和平衡相关方利益诉求的组织整合绩效管理体系。该模式源自美国鲍德里奇奖评审标准，以顾客为导向，追求卓越绩效管理理念。该模式具体包括领导、战略、顾客与市场、资源、过程、分析、绩效等 7 个维度的评价，总分 1000 分，是美国等发达国家衡量企业提高质量管理和绩效水平的重要标准，适用于企业、事业单位、医院和学校。世界各国的许多企业和组织纷纷引入并实施该模式，其中施乐公司、通用公司、微软公司、摩托罗拉公司等世界级企业都是运用 PEM 取得出色经营结果的典范。

2009 年，北新建材导入 PEM，并将 ISO 9001 等管理体系要求和 TQC、全面风险管理等持续改进和创新方法融入其中，建立高度整合的卓越绩效管理体系，推动了北新建材的管理创新、技术创新和品牌创新，实现了跨越式发展。北新建材的实践说明这些年 PEM 标准已经在中国落地生根。现在，我国许多上市公司也在推广 PEM。

2019 年 8 月 28 日，全面质量管理推进暨中国质量协会成立 40 周年纪念大会在京召开，北新建材获评"全国质量奖"，而且是唯一一家荣获该奖项的建材企业。在大会上，我也获评"全面质量管理推进 40 周年卓越企业家"。质量是我 40 年来在企业工作中一直关注的事情，中国建材 7 项业务规模全球第一，质量也处在全球领先水平。

质量管理是一项长期、细致的工作，企业不仅要有责任心，还要全员参与。经过多年努力，我国企业在质量上有了实质性的提升。20 世纪 80 年代，我去美国的超市，发现中国制造的产品都被放在地上的筐里，上不了货架；现在再去看，中国制造的产品很多被放在货架上，琳琅满目，这是我国企业 40 多年来在质量控制和质量管理上不懈努力的结果。

一个脚印踩出金字招牌

1993 年，我做了北新建材的厂长，当厂长没多久就罚了自己一个月的工资。为什么呢？因为北新建材生产的一种岩棉吸声板出口到韩国，韩国人打开之后发现，其中一片板上有一个脚印，他们提出必须退货。北新建材的干部觉得韩国人是在小题大做，一集装箱的产品，只有一片岩棉板上有一个脚印，认为韩国人退货是在找麻烦。但是，我认为这是一次给大家开展质量教育的机会。我在会上提出，这是一件大事，这一个脚印不是踩在产品上，而是踩在北新建材的金字招牌上，踩在经营者的心上。于是，我提议从我本人开始罚款，并逐级往下罚。我当时的月工资是 500 元，全部都被罚掉了。我回去告诉我爱人："我这个月的工资没有了。"我爱人说："为什么没有了呢？"我说："因为一个脚印。"

正是本着小题大做抓质量的严谨态度，北新建材硬是把产品合格率提升到近乎百分之百。今天，北新建材的产品能做到全球第一，就是从那个脚印开始的。如果我们今天还认为它只是一笔小买卖就小事化了，那么明天就会出现更大的纰漏。万科的王石先生参观北新建材时感叹地说："你们是一个用普通生产线创造出一流业绩的企业。"

我做企业 40 年，一直致力于品牌工作，在北新建材努力塑造了"龙牌"这样一个产品品牌，如龙牌石膏板、龙牌漆等。在很多工地上，大家购买石膏板首先想到的是"龙牌"。现在，北新建材的"龙牌"纸面石膏板因为品牌过硬，价格比普通品牌高出 20%，成为在规模、质量、技术、品牌、效益等方面全面超越外资世界 500 强同行的中国自主品牌。奥运场馆、世博会、北京世贸、上海金融中心、G20 峰会等项目都采用了"龙牌"石膏板。

北新建材的龙牌漆是天安门的专用涂料。天安门城楼刷新对涂料有着特殊的要求：一是要求耐候性好，不褪色；二是要求不沾灰，确保光鲜亮丽；三是要求防水性好，保护古城墙。自 2012 年以来，北新建材已连续多年刷新了天安门城楼，获得了天安门管委会和施工单位的一致好评。2016 年年底，北新建材荣获"中国工业大奖"。2021 年，北新建材品牌价值达 815.59 亿元。在《参考消息》这份报纸的中缝广告处，我们常能看到北新建材的标语"北新建材，央企品质"。

五优策略：优技、优质、优服、优价、优利

企业要盈利，产品就要有合理的价格。成本是刚性的，而且是边际效用递减的，企业不可能永远降低成本，到了一定程度再降低成本一定是以牺牲质量为代价的。企业应有稳定的价格，赚取合理的利润，从而持续盈利，这

是企业健康运营和发展的基础。好的价格和利润从哪里来呢？我主张"优技、优质、优服、优价、优利"的五优策略，即用好的技术、质量和服务赢得好的价格与利润。反之亦然，只有好的价格与利润才能支撑好的技术、质量和服务。

关于五优策略，我在这里简要地介绍一下。

- "优技"是指企业的核心竞争力靠的是技术。中国建材有 26 家研究设计院，还有国家工程实验室，有 3 万多名技术研发人员，这在同属建材行业的世界 500 强企业中是绝无仅有的。这些年，中国建材在水泥、玻璃、新型建材等工程技术和成套装备方面都走在了世界前列，从过去的跟跑到并跑再到领跑，中国建材的技术已经进入建材行业的高端领域。

- "优质"就是确保产品的质量和可靠性。在材料选用、设备制造、配套厂家、工程安装等各方面保证质量，宁可少赚一些钱也要把质量做好，也就是我常讲的做到过剩质量。

- "优服"就是做好售前、售中和售后的服务。像中国建材做的各大成套装备，都要保投产，并手把手教会当地企业的技术人员和员工如何操作。中国建材也从事企业管理外包服务，并提供远程线上监控和各种备件，无论是发展中国家还是发达国家的企业，都很喜欢用中国建材的技术和装备。

- "优价"就是合理的价格。我不同意用杀价的方式进行恶性竞争，而主张争取一个合理的价格和条件，给客户讲"质量上上、价格中上、服务至上"的道理，用质量、服务、工期来吸引客户。

- "优利"就是用良好的经营赚取合理的利润。像在埃及建造的世界最大规模的水泥厂，共 6 条日产 6000 吨的生产线，施工高峰时现场有

12 000名施工人员，中国建材引入当地8家建筑公司进行基建项目分包，仅这一项就比自己做节约5亿元人民币。做工程一定要算得下账，要有利润赚，有了利润才能有技术投入，有了利润才能留住一流的人才。

这一策略是我到中国建材后，针对国际工程业务提出的。30年前，我国企业不会制造生产新型干法水泥和浮法玻璃的大型成套装备，基本都是从跨国公司那里购买；今天变成跨国公司购买中国建材制造的成套水泥装备和玻璃装备。在工程服务领域，经过长期海外深耕，中国建材集团的水泥和玻璃装备全球市场占有率达65%，这就是"三十年河东，三十年河西"。

我们的海外EPC（工程总承包）项目注重全球化采购，既发挥国产装备的性价比优势，又积极采购一些跨国公司的高技术关键设备，赢得了市场，缓解了和跨国公司竞争的矛盾。此外，我们积极与法国施耐德电气有限公司、日本三菱商事株式会社、丹麦史密斯公司等跨国公司合作，联合开发"一带一路"等海外市场。

2006年，中国建材旗下的南京凯盛在土耳其承接了一个水泥工程项目。在做这个水泥项目时，中国建材将土建和安装工程分包给当地公司，而且在一些关键部件的采购上实行全球采购，确保整套装备的运行质量。结果，项目不仅如期完成，而且赢得了土耳其业界的高度赞誉。

吉姆·柯林斯的《飞轮效应》一书讲的是，工作之间的推动促进会使企业快速运转起来。其实，五优策略之间的关系正好像一个飞轮，优秀的技术带动了优质的产品和服务，优质的产品和服务又赢得了忠诚的客户，忠诚的客户可换来合理的价格，合理的价格又可带来丰厚的利润，而有了丰厚的利润又可投入研发，创新出更好的技术，形成一个完整的飞轮。只要五优策略这个飞轮转动起来，企业就会进入良性成长的状态。

第8章

财务稳健化

企业稳健的基础是财务稳健，而财务稳健的核心是现金流充沛。企业在发展中，首先要重视财务的预算，到底能有多少钱，到底要做多大的事，千万不能"寅吃卯粮"，入不敷出。同时，企业也要合理利用财务杠杆，控制资产负债率，降低企业财务成本。在经营方面，企业的资产负债表、利润表和现金流量表至关重要，而现金流量表又是重中之重。企业在运行中，要重点关注现金流，尤其是经营活动的现金流，资金链断裂会导致企业倒闭。企业还要重视压缩"两金"，归集使用资金，减少低效的占用，让有限的资金更好地发挥效能。

全面预算管理的要点

"凡事预则立，不预则废"，充分体现了做事情预先计划的重要性。自20世纪90年代开始，预算管理逐渐为中国大型企业所推崇，经历了从成本控制、财务预算、经营目标到以价值管理为核心的全面预算管理，已成为企业优化资源配置、改善经营效益、加强风险管控、提高运行质量的有效管理工具，也是精细化管理的重要抓手，在促进战略目标实现、增强管理者的预见性与责任感、提升公司整体价值等方面发挥了重要作用。

从目前的实践情况来看，全面预算管理在各企业中的表现不尽相同，即使在同一管理体系下也会有较大差异。其主要原因是全面预算管理是一个系统工程，涉及全业务、全流程、全过程、全方位的管理，组织中任何环节的不主动、不协调、不作为，都会对全面预算管理的效果带来较大影响。因此，做好全面预算管理要重点关注以下方面。

一是突出战略引领。企业战略是长期的、决定性的，预算管理的核心是将战略目标和战略任务落地，具有一定的时间性和执行性，主要是统筹财务、人力、资金、技术等资源，通过目标分解、资源配置、执行跟踪、纠错改进等促进年度目标达成。一般而言，预算管理是一个动态过程，需要多次自上而下、自下而上的沟通，主要目的是解码战略目标、优化资源配置以及落实各级组织与员工的责任；具体方法是将经济指标、管理任务和战略事项统筹匹配，实现战略规划、经营计划与全面预算紧密衔接、一体化推进。

例如，中国建材就是由战略驱动的，在确定"大建材"战略后，面临着"钱从哪儿来""人从哪儿来""业务从哪儿来"等问题。中国建材战略落地的主要方法，就是将战略任务合理分解为年度预算目标，在水泥、混凝土、新材料业务的联合重组过程中，分阶段分年度集中解决了资金、业务、合作模式以及区域布局等重大事项，集中落实了成本控制、市场开发、激励机制等管控重点。正是通过年度预算统筹资源分配、秉承"善用资源"理念等，中国建材在促进战略顺利实施的同时，提升了自身的整体运营质量。

二是突出管理理念。全面预算管理虽是一个比较成熟的有效管理工具，但在实践过程中仍存在这样或那样的问题，有的企业对预算管理理解不深、重视不够，重预算编制轻预算管理，编制完预算后就束之高阁，造成预算与执行两张皮；有的企业重结果、轻过程，预算编制未体现"全面"，预算执行责任不清，预算纠偏难度大；有的企业预算分析习惯于"同比""环比"，经营考核与预算挂钩不够紧密，预算成为应付上级检查的工具；等等。这些问题看似五花八门，本质上是认识问题，主要表现在是否将全面预算作为战略落地的主要手段，是否推行精细化、精益化管理，是否创新预算管理体制机制，等等。中国建材在预算管理实践中，比较重视理念建设及措施落地。

- 在管理思路上，突出以战略为导向、以价值管理为中心、以现金流为主线、以业务预算为基础，将所有经济事项都纳入预算管理。
- 在管理机制上，建立并完善了预算对标机制、预算目标形成机制、资源配置机制以及激励与约束机制。
- 在管理方式上，注重运用信息技术和手段，通过建立预算管理信息系统，形成从预算编制、执行、分析、调整到考核的闭环管理。
- 在预算组织上，强调责任落实，将业绩评价与责任中心甚至员工的切实利益挂钩，通过KPI对比分析，快速了解驱动经营的关键因素，并积极采取行动。

三是突出预算执行。科学合理确定预算目标是预算执行的基础。一般情况下，目标确定需要充分考虑行业发展、资源基础、战略方向与布局等要素，要与责任中心多层次、全方位沟通，要与资源配置强链接。过高或过低的目标，都会对有效评价与激励各级组织、调动员工积极性、提升管理效率和资源配置能力等产生很大影响。因此，确定预算目标要处理好长期与短期、规模与效益、质量与速度、投入与产出的关系；预算严肃性与权威性是预算执行的有力保证。

预算本身也是授权，承担战略和经营任务的组织，有权在预算范围内使用资源；若预算缺乏权威性，企业对资源配置的约束力将会受限，不利于资源向有战略价值的业务倾斜。

当然，预算管理是一个动态平衡的过程，严肃性与权威性并不代表预算是一成不变的。随着经营环境、经济政策、资源获取等的变化，企业需要适时对预算做出调整，使其符合预算管理的基本原则。中国建材在过去多年实践中，先后推行"八大工法""增节降工作法""三精管理"，践行"价本利"理念，通过减层级、减机构、减冗员，释放企业的竞争力，力保预算目标顺利实现。

我前段时间去合思易快报做调研，这家公司创立于2014年11月，2021年8月获得10亿元的D轮融资。它的定位是成为敏捷的企业报销费控与聚合消费平台，帮助企业从财务视角建立合规预算费控，从经营视角进行敏捷决策分析，通过精细化成本核算和事前预算—事中控制—事后分析的全程费控，促进企业降低成本、提升效率，实现效益最大化。

总之，全面预算是一个复杂的大系统，有效连接了战略、经营与管理的各个环节，任何环节的变化都需要企业做出动态平衡与反应，在不断优化预算管理过程中，突出重点，分步实施，优先解决主要矛盾、重点事项和重要环节，注重发挥预算在资源配置和战略发展方面的作用，把其作为落实战略、改善经营和精细管理的有效手段，促进各项目标按既定计划有序顺利推进。

南方水泥的全面预算管理以明确经营管理导向和量化企业战略目标为原则，覆盖了生产、供应、销售、财务、行政、人事各具体业务平台的每一个具体指标。全面预算管理工作分为三个部分。

第一，年度预算。年度预算自上一年10月底启动，在预算准备阶段进行业务调研和数据收集，在对外部形势和公司内部资源评判的基础上，形成预算假设，在三级管控架构中向下传达分解任务后，逐级、逐项沟通，最终向上反馈并汇总确定。这样的机制充分吸取了各方意见，既达成了全面共识，又根据最贴近一线的信息优化了决策，也有助于公司从上到下人人都理解目标、明确导向、形成合力。年度预算的主要成果包括全级次企业的财务预算、业务预算、各专项和专门预算，它的用途在于：一是各级公司确定年度经营目标和签订目标责任书的依据；二是年度绩效考核和业绩兑现的依据，占比70%；三是区域公司和成员企业月度绩效对标的依据。

第二，6+6预算，当年6月中旬编制。业务部门在总结上半年预算完成情况的基础上，根据内外部形势的变化，对预算假设进行修订，并对下半年预算指标进行修订；区域公司和成员企业同步完成；所有预计财务报表和各专项、专门预算同步更新。6+6预算的用途在于：一是年度绩效考核和业绩兑现的依据，占比30%；二是下半年区域公司和成员企业月度绩效对标的依据。

第三，9+3预算，当年9月中旬编制。企业根据前三季度生产经营情况和年度预算目标的完成情况，对相应预算指标进行修订，主要完成三张预计财务报表的更新。9+3预算的用途在于：一是基本明确全年经营情况和主要经营指标的依据；二是100天劳动竞赛专项对标考核的依据。

浙江南方水泥坚持中国建材集团"从原理出发，用数字说话"的管理思想，严格落实南方水泥精准对标要求，每年都要全区域、分企业组织开展全面预算。全面预算具体分为三轮：

- 第一轮为基础预算，各部相关负责人到各企业现场，结合下一年度生产经营目标和企业当年度生产经营完成情况，分解下一年度预算指标到各企业，各企业再根据预算指标组织专项预算研讨，明确下一年度生产经营工作的重点和难点。
- 第二轮为预算细化，由财务总监主导，公司经营班子和各部门负责人通过预算会与企业经营班子、中层面对面深入交流沟通，对预算指标进一步分解细化，确定企业的关键绩效指标，细化业绩提升目标。通过第一轮、第二轮预算基本可以明确区域公司和成员企业年度绩效提升目标。

- 第三轮为预算修正，南方水泥下达年度和半年度"6+6"滚动目标后，针对利润等指标与企业进行进一步沟通、分解和修正，确保圆满完成业绩目标。

合理利用财务杠杆

企业在发展过程中，要做好资本与债务结构的平衡，一方面要有相对充足的资本金，另一方面也要有适量的债务融资。如果只用股东投入的本金作为发展资金，一般难以满足企业发展的资金需求，发展速度和质量可能就会受限，进而影响企业扩大规模、抢占市场和提升竞争力。如果适当运用财务杠杆，匹配适量债务融资，既可减轻股东的资金投入压力，也可提高股东的资本回报率；但如果债务融资太多，除了需要支付大量的财务费用外，更重要的是会带来偿债风险。另外，我国银行偏好发放短期贷款，这在一定程度上也会造成企业短贷长投，而短贷长投对企业融资能力、资金运作及资金平衡的要求很高，稍有不慎就会造成现金流短缺，大大增加资金支付风险。近年来，房地产、高科技、互联网等领域一些头部企业出现问题，最直接的原因就是不能归还到期债务融资的本息。因此，掌握好企业的财务杠杆，控制好企业的资产负债率，保证好企业的偿付能力至关重要。

我国企业长期以来走了一条负债经营的道路，主要是因为过去资本市场不是很发达，直接投资不足，大多数企业只能采用银行借贷的融资方式，所以企业的资产负债率普遍偏高，较高的财务费用也增加了企业的投资和运营成本。我曾研究过中美两国《财富》世界500强企业的财务指标，如果只看实现的净利润指标，我国企业的盈利能力总体偏低；但如果去看息税前利润，我国企业的价值贡献并不低，原因就是企业利润的很大一部分被财务费用吃掉了。

那么，企业的资产负债率到底多少合适？其实，这很难有统一标准，因为它与企业所处行业、发展阶段、发展方式、盈利水平以及管理者风险好恶等息息相关。一般来讲，金融、贸易、房地产等行业的企业资产负债率相对较高，制造业、技术服务、矿产资源等行业的企业资产负债率则相对较低；企业在快速发展阶段的资产负债率较高，进入成熟期后就会逐步降下来；通过并购重组方式发展的企业，其资产负债率一般较高，而通过自身积累发展的企业则相对较低。当然，对于盈利能力较高的项目，也可以适当提高一点资产负债率，由于融资利息可作为财务费用税前列支，这对企业股东来说较为有利。根据我国企业的实际情况，企业的资产负债率一般保持40%～60%比较合理，过低就是企业没有利用好财务杠杆，过高则会增加企业的财务费用和偿债风险。

企业在经营过程中，信用非常重要，是需要管理和维护的。金融机构会根据企业财务状况、盈利情况和过往的还款记录等，综合评价企业的信用等级。信用评级高的企业容易得到利息较低、周期较长的融资，还会取得较大的授信额度；而信用评级较低的企业，则会出现融资难、融资贵等问题，这就要求企业在做好经营的同时，要对金融机构保持良好的信用。

目前，社会上存在一些投机行为和侥幸心理，少数企业自身不愿意投入，希望做无本生意，通过骗贷等方式仅靠金融机构融资拓展业务，其结果往往会给社会带来巨大风险。有的企业不研究行业周期性变化，一味地加大财务杠杆，例如房地产行业，处于上行周期时企业适当加点财务杠杆是合理的，但处于下行周期时财务杠杆过高就会出现偿债风险。有的企业热衷于多元化投资，特别是对不熟悉行业的大额投资，当国家金融政策调整或行业出现较大变化时，由于现金流不能及时得到补充，造成不能按时归还融资的本息,最后甚至资不抵债。因此,信用是企业生存的基本保障,良好的银企关系无论对银行还是对企业都至关重要。企业在降低融资成本、合理利用财务杠杆的同时,要重视现金流管理,要把按时还本付息作为头等大事,把维护企业信用作为首要任务,这样才能与金融市场、资本市场形成良性互动。

　　1993年年初,我刚当厂长时,由于企业资金紧张,银行信用差,不能偿付到期的贷款本息,还需要给银行交滞纳金。那时周围五家银行都拒绝给我们工厂贷款,我只好号召员工集资渡过难关,企业经营好转后,我们与银行逐一建立了密切的合作关系,取得了它们的信任。后来我给企业定了条规矩,就是银行的贷款利息一分不欠,本金一天不拖,这也成了我经营企业的信条。2002年我出任中新集团一把手时,遇到的也是资金困难、债主临门,当时中新集团共有32亿元逾期负债,办公楼都被法院查封。但是,由于我在北新建材时保持了很好的信用,一些债权银行说,"宋志平来中新了,我们的钱有人还了"。我用了差不多一年的时间与银行进行了债务重组,后来中国建材在香港上市解决了融资问题,慢慢发展壮大起来。现在,中国建材是各大银行的优良客户,资信等级也很好,每年的银行授信额度也有几千亿元。

现金是企业的血液

　　我们检查身体的时候,主要手段是X光透视和血液常规检查,而为什么要进行血液常规检查呢?因为血液是反映人体健康状况的"晴雨表",通过对血液成分的分析,可以了解人的许多生理状况。那么,企业的血液是什么?那就是现金,掌控了现金也就把握了企业的命脉。人死亡的主要标志是肺部停止了呼吸,那么企业死亡的主要标志是什么呢?实际上,企业死亡的主要标志就是资金链断了,现金流出现了问题。因此,我们从企业的现金流可以看出或判断它的情况。

现金为王

这些年，时有一些企业倒下了，倒下的这些企业绝大部分是因为现金流出了问题。企业经营和发展离不开现金，现金的正常流动确保了企业的稳定和持续经营，支撑了企业的健康发展。

任正非在日本考察时去过大阪古城，那是个著名景点，城墙四周建有护城河，风景秀丽。在参观大阪古城时，众人登高望远，欣赏周围的美景。而任正非关注的却是城中的一口古井，他站在古井旁自言自语道："这就是现金流，只要保住它，这座城堡就可以守下去。"后来华为过冬时，任正非也说过："大家总说'华为的冬天'，那棉袄是什么？就是现金流。"

财务管理是企业管理的核心，现金管理又是财务管理的核心。现金管理是企业管理的"牛鼻子"，抓住了这个牛鼻子，很多问题就迎刃而解了。现金管理的基本任务是，保证经营有现金收入，支出有现金支持，实现有现金流的利润。对于资本支出，企业要有充足的自有资金，有能力从金融市场或资本市场上融资，有充足的现金流保障到期就可还本付息，防范现金风险，确保企业经营运行和发展需要。

中国建材要求企业以实现"有利润的收入，有现金流的利润"为原则。

第一，企业要追求有利润的收入，让盈利成为整个公司一致性的行动和目标。南京凯盛就是其中的典型，这家公司成立于2001年12月。我第一次到这家公司时，公司的十几个人挤在一间租用的小办公室里办公。当时，我鼓励他们，南京凯盛要做一家绩优企业，三年内努力实现"三个一"：营业收入1亿元，净利润1000万元，员工100名。结果，这家公司一年就做到了。我第二年给他们提了"三个三"的新希望：营业收入3亿元，净利润3000万元，员工300名，过了一年又实现了。后来，我又给他们提出"三个五"的新目标：营业收入5亿元，净利润5000万元，员工500名，很快又实现了。

10多年过去了,今天的南京凯盛已逐渐从业务单一的设计院发展成为集研发设计、设备成套、施工安装、生产调试、技术改造、水泥工厂智能化建设等业务于一体的创新型国际化工程公司,每年有十几亿元的收入和上亿元的利润。最重要的是,这家公司成立至今,承接了200多个国内外大大小小的项目,无一失败或亏损。对比之下,其他一些工程公司,做的不少项目出现了亏损,因为大家只重视拿项目,只重视销售收入规模,对经济效益却不太重视。

第二,在有利润的基础上,企业还要追求有现金流的利润,这也是非常重要的。中国建材旗下有9家水泥公司,近些年南方水泥的利润和经营活动现金流净额都有大幅提升。事实上,中国建材每个业务板块都很重视经营活动现金流净额,这也是中国建材这家企业现金流十分充沛的原因。

在这里,为什么我如此强调企业的经营活动现金流净额呢?因为净利润和现金净利润是两个不同的概念。在会计处理上受折旧、摊销、计提等会计政策和会计估计、企业拖欠等人为因素的影响,企业利润表中的净利润所表现的盈亏与实现的现金盈亏之间往往有差距,报表上实现的净利润不一定能产生相应的现金,用于各种支付。一家企业能否维持下去,不取决于它的账面是否盈利,而取决于它有没有现金,现金流动状况更能客观地反映企业的真正实力。这就是"现金为王",是企业根上的事,也是企业领导者和管理者一天到晚都应关心的事。

"两金"控制

在经营方面,企业的资产负债表、利润表和现金流量表至关重要,而现金流量表又是重中之重。企业要维持合理的现金流量,除了把握好产品价格和市场外,控制好"两金"占用也很重要。"两金"是企业库存资金和应收账款的简称,在经营过程中,企业常常因市场等各种问题造成大量的积压产品和原材料库存,从而占用了大量资金。

"两金"不仅占用了大量资金,还产生了一定的财务费用,其中应收账款还会带来相当大的资金风险。在一些企业里,其利润表看起来还不错,但如果看现金流量表就会发现现金入不敷出。其中一个重要原因就是企业存在大量的产品、原材料库存和应收账款。企业中形成大量的"两金"占用问题和市场有一定关系,但主要与企业领导人对于市场把控和企业精细管理不够,以及企业销售人员的销售理念、不称职有关。因此,在企业管理中,企业领导人对"两金"占用必须心中有数,同时压缩"两金"占用也是企业精细管理的重要内容。

企业要尽量坚持"一手交钱、一手交货"的零应收账款原则,同时也要控制资产负债率。企业在发展过程中,一般要进行负债经营,但要适度,资产负债率通常不宜超过50%。企业比较害怕的是一边大量借债,一边又有大量"两金"占用。况且,我国银行的利率相对偏高,因此企业要严格控制资产负债率。像北新建材这些年的应收账款几乎为零,资产负债率也只有百分之十几,进入了一种良性经营状态。海螺、格力这两家公司基本没有负债,主要依靠自有资金经营。如果一家企业没有负债,它就没有财务费用,就可以轻装上阵,进而它的利润就会很高,现金流极其充裕。

万科也是控制"两金"、良性经营的一个例子。这些年虽然有房地产公司收入规模超过万科,但万科坚信"规模不如能力,利润不如活着",坚持捂紧钱袋子,持续稳健增长,创造真实价值。自1991年上市以来,万科年营业收入复合增长率约26.9%,权益净利润复合增长率约30.1%,纳税金额复合增长率约40%,累计为股东现金分红836.93亿元。万科在持续盈利年限、持续现金分红年限上均位列中国A股上市公司第一。

万科长期保持多元、均衡的混合持股结构,公司股东既有持股第一的国有资本,也有民营资本,既有内资也有外资,既有机构投资者、社保基金,也有为数众多的个人投资者,还有管理团队和业务骨干等。这样一方面使公司能充分发挥机制的灵活性，又有多方制衡的作用，另一方面也对公司治理提出更高要求。公司坚持专业、规范、透明的治理理念，凭借良好的治理水平和持续稳健增长的业绩赢得了股东的信赖。深圳地铁作为公司基石股东，表示支持万科的混合所有制结构、城乡建设与生活服务商战略、事业合伙人机制，同时支持万科管理团队按照既定战略目标实施运营和管理，深化"轨道 + 物业"发展模式。

资金集中管理

伴随改革开放与市场经济体制的不断深入，我国大型企业集团经过多年的探索与实践，对资金集中管理这一理念已经基本达成共识，通过发挥集团资金规模优势，动态、有效地集中管理统筹资源，以提升资金效率、提高经济效益和增强企业核心竞争力。

由于企业之间存在行业特性、发展方式、发展阶段、资源禀赋、规模大小以及公司治理等方面的差异，资金集中管理的方式、手段和目标也因企业而异。一般而言，资金集中管理的方式主要包括设立内部结算中心、财务公司或商业银行、资金池等。资金集中管理的手段主要是通过将银行账号管理与信息技术平台相结合，同时将本企业内部成员单位资金归集到企业统一的管理平台。这样不仅能有效掌握该企业的财务情况，保证资金流动过程规范、透明，还能随时掌控该企业的财务动向，强化对财务、投融资等重大事项的监督管理，实现资金流动全过程控制，在确保资金安全流动的同时，取得良好的经济效益。这也是资金集中管理的主要目标。经过多年发展，国内大型企业集团在资金管理上基本完成了从粗放式管理向精细化、集约化管理的转变。资金集中管理也已成为目前跨国公司和我国大型企业集团所采取的最有效管理模式之一。

中国石油天然气集团有限公司（以下简称"中石油"）是我国最早开始开展资金集中管理的产业集团之一。由于石油、天然气属于资金密集型行业，中石油发展资金需求巨大，如何统筹使用资金资源、提升资金使用效率和效益至关重要。正是在这一需求推动下，从20世纪90年代开始，中石油结合各发展阶段的不同特点，探索了设立内部结算中心、财务公司、商业银行等方式，经反复权衡，最终选取了财务公司与结算中心并存的组合管控模式。在这一模式下，财务公司担负中石油的集团理财职能，目标是通过资金运营，保证企业资金供应，创造盈利，提高资金使用效益；成员企业通过财务公司与结算中心，在整个集团公司需求总量平衡的基础上调节结构差异，将暂时闲置资金集中起来，在整个集团公司范围内统筹合理调配。这样不仅提高了中石油的整体资金运作效率，还大大缓解了外部资金需求压力，从总体上降低了筹资成本。

欧洲通信业龙头企业爱立信公司，则是通过建立全球资金池的方式实现资金集中管理的。它的具体做法是：在瑞典北欧斯安银行（SEB）建立资金池，所属分支机构留有一定限额的资金保障日常生产经营，剩余资金则全部上缴资金池，由集团管理平台统一进行短期现金理财与汇率兑换，并根据现金流量预测重新配置资金，以减少对外融资、节省交易和财务费用。

在资金集中管理方面，中国建材集团也开展了有益的探索。由于中国建材集团的主要业务在所辖13家上市公司，且主要生产企业大部分为混合所有制企业，因此它采取了财务公司与内部结算中心相结合的管控模式：在集团层面，对凡能在财务公司集中的全资和控股企业，在财务公司实现集中；在上市公司层面，对在财务公司集中存在困难的，建立区域内部结算中心，实现区域集中。

中国建材集团曾设立中新集团财务有限公司，2003年将其转让给海航集团。2016年两材重组后，中材集团财务公司也随之并入，新组建的中国建材集团有了自己的财务公司——中国建材集团财务有限公司（以下简称"财务公司"），负责集团资金集中结算、为成员单位提供融资、解决存贷双高、降低集团整体财务费用，进而提高了资金的使用效率和效益，支持了集团的经营与发展。

围绕为成员单位提供资金管理和金融服务这一主要职责和业务，财务公司深化创新服务，坚持效率效益优先，为成员单位提供优质高效的金融服务。

一是扩大资金池规模，加快"四个平台"建设。2019年，财务公司通过启动"一企一策、精准服务、增强沟通、拓展空间"的工作机制，扩大成员单位开户联网数量，强化资金池建设。集团的资金集中度实现稳步提升。在集团资金集中度增长的同时，财务公司不断提高与成员单位资金使用的契合度，持续发挥"集团资金归集平台、集团资金结算平台、集团资金监控平台、集团金融服务平台"四个平台功能作用。

二是坚持科技赋能发展，提供多场景服务。财务公司借助云计算、大数据等金融科技手段，采用"小核心、大外围"的先进理念，优化搭建具有自主知识产权的"1+N"共享资金服务系统。该系统兼容性强，覆盖范围广，遍布全国各地，适用集团内的水泥、玻璃纤维、风电叶片、新材料、国际工程等业务场景，服务13家上市公司，可支持H股、A股、新三板等股权结构下的多种资金池。自上线以来，该系统有效助力集团的高质量发展。

三是积极发挥作用，助力集团降低负债。财务公司按照既定经营方针，为成员单位提供差异化的精准服务，对成员单位的情况进行专项分析，有针对性地提出解决方案。我们从实践中看到，财务公司对降低集团成员单位的融资成本、提高它们在当地银行融资的议价能力以及助力集团降低负债等方面发挥了积极作用。

四是坚持拓展服务深度广度，助力成员单位降本节费。财务公司通过为成员单位提供信贷业务等多种方式，助力成员单位节约财务费用，进而降低集团整体财务成本。

通过集中融资和统一授信、加强银行账户管理、实行收支两条线、定时支付和支出账户限额管理等措施，中国建材集团资金管理取得了显著的效果。经过多年持续不懈的努力，集团的经营创现能力得到增强，经营活动产生的现金流量实现快速增长，经营活动流入流出比率得到提升，现金流动负债比在建材行业中处于优秀水平。

第 3 篇 经营精益化

管理是眼睛向内，处理好人机物料，正确地做事；而经营是眼睛向外，面对不确定的环境，做正确的事。企业既要学会如何在不确定的环境下进行选择，也要稳扎稳打，不盲目选择。企业负责人应牢牢树立"从管理到经营"的理念，在做好管理工作的基础上，着重研究市场、价格、环境等层面的问题，深入基层，精耕细作区域市场和产品市场，开展市场竞合，践行"价本利"理念，使产品量价齐升，市场话语权不断增强。经营精益化是围绕业务选择、产品创新和市场细分展开的，它的核心目标是建立效益优先的经营管理体系，解决可持续盈利能力问题。

第 9 章

业务归核化

企业都要有主业，要围绕主业形成核心业务，非核心业务原则上应该舍弃。毕竟，任何企业都不是无所不能的，只能有限发展，因为任何企业的人力、物力、财力等资源都是有限的。中小企业应采用"窄而深"的业务模式，打造行业的专精特新"小巨人"；大型企业的业务应尽量不超过三个，力争每个业务都能跻身行业前三。

按着常理做企业

2021年是我国"十四五"规划的开局之年，在经济转型、抗击疫情、高质量发展等方面，均取得了良好成绩。特别是，在统筹国内国际两个大局、统筹疫情防控和经济社会发展方面，中国政府有效实施宏观政策，经济运行稳中加固，为资本市场高质量发展提供了强有力支撑。

2021年中央经济工作会议指出，在充分肯定成绩的同时，必须看到我国经济发展面临需求收缩、供给冲击、预期转弱三重压力。我们要相信中国人的智慧，一旦发现问题，就去解决问题，从风险里走出来，我们具备这个能力。

"稳"是2021年中央经济工作会议最为突出的主题，会议要求，2022年经济工作要稳字当头、稳中求进，各方面要积极推出有利于经济稳定的政策，慎重出台有收缩效应的政策。不把长期目标短期化、系统目标碎片化，不把持久战打成突击战。我们要认真理解这些内容。"稳"字带给企业家的是什么？那就是鼓舞和信心。尽管当前面临着重重压力，但企业家还是要充满希望。什么希望呢？我想有三点，既是我的希望，也是大家的希望：第一，希望政策进一步宽松；第二，希望经济回暖，稳步增长；第三，希望疫情减弱。这场疫情已经持续两年多了，奥密克戎毒株还在肆虐，希望人类可以共同努力，控制住疫情。

我对基本面的看法，还是积极正面的。悲观经济学家有饭吃，为什么？因为大家就像怕鬼的孩子依然愿意听鬼故事一样，非常害怕，但总想听，蒙着被子也要听。但经济问题其实是客观的，怕也没用，只有去克服、去解决。有人曾问我过去是否遇到过困难，我说我经常遇到困难，几年一个大困难，每年都有几个小困难。我们是一路克服困难才走到了今天，所以困难不可怕，关键是我们的态度，既要正视困难，又要坚定信心。信心比黄金还重要。

能发现"黑天鹅"的人是聪明人，能发现"灰犀牛"的人是理性人，而认为未来充满不确定性的人是老实人，我大概是最后一种人。虽然未来是不确定的，但无论世道怎样不确定，我们做企业还是要按着常理去做。我把这些常理归纳为"三大主义"。

务实主义

务实主义是中华文化的传统，中华民族是非常务实的民族，中国的企业家是一群非常务实的实干家。改革开放之后,为什么中国经济能够快速崛起,为什么中国企业能够快速发展?这和我们中国人务实的精神有关。什么叫务实?过去讲的"摸着石头过河"是务实主义,"不管白猫黑猫,会捉老鼠就是好猫"也是务实主义。做企业其实就是要扎扎实实地做事,一步一步地探索,逐渐找到规律。做企业光靠高谈阔论没用,最根本的还是要做出好的产品、提供好的服务,最后有良好的经济效益,这是企业家要时刻牢记的。

前面讲到我在北新建材的管理是从整理整顿开始的,因为企业如果连打扫卫生都做不好,又怎么能做好产品呢?所以,那时我带领大家打扫卫生。有年轻干部跟我说:"宋总,我们为什么总去打扫卫生呢?我们要不要做点大的事情呢?"我说:"一屋不扫,何以扫天下?"打扫卫生不只是一种看似简单的事情,更体现了一种务实精神,我们做事情要从点滴、细微处做起。

现在有不少论坛、演讲,企业家都喜欢听,我有时也去听,从中学到了很多。但是我时常想,我们毕竟不是经济学家,不是科学家,也不是外交家,而是企业家,我们不能代替别人,别人也不能代替我们。做企业,我们要种好自己的一亩三分地。有年轻人跟我讲:"宋总,我们应该仰望星空。"我想仰望星空的事还是交给天文学家去做吧,我们的任务是提升他们需要的望远镜的玻璃片质量,这是我们的本分。企业家得收住心,扎扎实实做好自己的业务,提升质量、降低成本、开拓市场、创造价值。

专业主义

做企业一定要围绕专业进行。我本人是专业主义者,在做中国建材和国药董事长的时候,中国建材只做建材,国药只做医药,不敢越"雷池"一步。因为离开专业我们可能了解得很有限,不能总听别人讲故事,那些讲故事的人不一定是专业的,有些故事只是科普水平的,我们还是要集中精力把自己的专业做好。

做大企业,对标世界一流,这是专业化的;做中等企业,对标隐形冠军,这也是专业化的;做中小企业,就做"专精特新",这还是专业化的。企业无论规模如何,都应该秉承专业化的思维,努力深耕细作,这是长久稳健发展的前提。

长期主义

做企业不可能马到成功,马到了也不一定会成功。做企业需要一个漫长的过程,是一件苦差事,久久为功,必须要坚守。企业家精神蕴含了创新、坚守和责任这三点,坚守是最不容易的。做好一家企业需要 10～15 年的时间,如果你想做到极致,可能需要 30～40 年。有人会问我,这是怎么算出来的。其实,这不是算出来的,而是做出来的。中国建材旗下的好企业——北新建材、中国巨石都做了 40 年的时间,才做成不错的企业。

北京大学刘俏教授在《从大到伟大》一书中指出,一家称得上伟大的企业,必须要经过 50 年以上的历练,短时间的成功不能被称为伟大的企业,因为不知道后面有多少风险在等着。像新冠肺炎疫情、国际贸易摩擦这样的风险,企业不知道能否度过,只有经得住历史的考验、长期的磨砺,才有可能成为伟大的企业,从这一点来说,我们的企业距离伟大的企业还有很长的路要走。做企业,我们都要有这样的心理准备。我们选择的是坎坷不断、奋斗不息的道路,要把它坚守下去才会终成正果。

我一直讲,一生要做好一件事,当然我不反对一生做好几件事。对我来讲,一生把一件事做好就不错了。我做企业 40 年,做出了两家《财富》世界 500 强企业。我到中国建材的时候,公司只有 20 亿元的营业收入,2019 年我退休时公司有将近 4000 亿元的营业收入,但是这之间经历了 18 年。起初,我并没有把企业做成世界 500 强的目标,只知道扎扎实实地做企业。

2011年中国建材首次跻身《财富》世界500强行列时，我正在出差的路上，同事打电话告诉我中国建材进入《财富》世界500强榜单、排在第485位。我在国药的五年也是这样，国药的营业收入从300多亿元增至2500亿元。2013年，它跻身《财富》世界500强行列，也出乎我的意料。其实，这些事情都是一步一步做下来的，我没有什么远大的目标，而是千里之行，始于足下，扎扎实实做事，干一行爱一行，并且长期地去做。

有次我和一位企业家聊天，问了他三个问题：如果让你再选择一次，你还愿不愿意做企业家？从未来去看，你愿不愿意一生坚守做好企业？你愿不愿意让你的子女再做企业？这三个问题也是我经常问自己的问题，也是对企业家的终极拷问。做企业确实需要长期坚守，要当成终生的事业来做，不懈怠，更不能逃避。遇到困难，要勇于面对，今后可能还会有类似此次疫情这样的困难等待我们。过去做企业讲得比较多的是情商、智商，这一年我们讲得多的是逆商，就是大家应对困难和克服困难的能力，同情商、智商比，这是成功的最大影响因素。做企业成功的要素中，需要的情商、智商只占30%，逆商可能占到70%。今后做企业要做长期打算，要准备应对各种困难。

中国既要有一流的经济学家、一流的科学家、一流的军事家，也要有一流的企业家。如果没有企业家创造财富，没有企业家打造精良的产品，其他的可能都无从谈起。美国有句名言，"美国的事业是企业"，其实，中国的事业也是企业，但企业要靠企业家带领才能做好。

企业要聚焦看家本领

企业要聚焦四个核心，即核心业务、核心专长、核心市场、核心客户，这些都是企业非常重要的看家本领，必须要做好。

一是突出核心业务。业务不在于多，而在于精。从众多企业的成长历程来看，无论是大型企业、上市公司，还是中小企业，绝大部分出问题的企业，关键在于没有做好核心业务。原则上，中小企业应该采用"窄而深"的业务模式，拓展国际市场，打造行业隐形冠军；大型企业、上市公司，业务也应尽量不超过三个，力争每个业务都能跻身行业前三。如果企业的业务分散得像"大杂烩"，让消费者分不清它到底是做什么的，这样的企业很难长久发展下去。

二是打造核心专长。企业要明确自身的核心专长是什么，没有核心专长，就没有核心竞争力。打个比方，企业的主业是开餐馆，拿手菜或特色菜就是专长，如果没有专长，就没有顾客光顾。想要"一招鲜，吃遍天"，那么企业至少要在某一件事上比别人做得好。我家附近有两家餐馆，一家叫唐宫，另一家叫香宫，唐宫乳鸽做得好，香宫烤鸭做得好，都经营了二三十年，一直挺红火。

企业如何打造核心专长，提高核心竞争力？这就要求考虑内部环境、战略的判断能力和执行能力、所在行业特点等因素的差异，制定差异化战略，通过差异化竞争，塑造品牌知名度，从而提高企业的核心竞争力。

贵州茅台酒作为我国高端白酒的知名品牌，就是差异化竞争的一个典范。茅台集团市值高达2万多亿元，2020年分红242亿元，占当年净利润的51.90%；上市以来共募集了22亿元，累计分红1213亿元，非常了不起。茅台酒是比较特殊的一种酒，工艺极其独特而又经典。整个茅台镇到处飘着酒香，弥漫到每一个地方。茅台镇地方很小，没有挖地窖储酒的空间，因而茅台酒的产量也没有那么高，这恰恰成为它独具特色的品牌优势。

三是精耕核心市场。市场是企业的舞台，开拓市场是企业的首要任务。事实上，任何企业的资源和能力都是有限的，不可能包打天下，市场不见得都是自己的，企业要根据行业特性和自身优势，理智地选择细分市场，这样既能减少不同市场的正面压力，又能集中优势兵力去经营好细分市场，成功的把握会更大些。企业要清楚核心市场在哪里，核心利润主要来自哪里，并有针对性地加大对相应市场的投入，以获得最大回报。

在中国建材水泥业务领域，有个特色做法，就是三分天下，而不是包打天下。所谓三分天下，就是通过明确水泥的区域化发展战略，形成大企业主导各自战略市场区域的格局。由于水泥受到有效运输距离的限制，运输半径只有 250 千米左右，是典型的"短腿"、非贸易产品，因此企业需要在一定的地理区域内分销，按区域成片布局，形成一定的市场话语权。按照三分天下的原则，中国建材构建起淮海、东南、北方、西南四大核心战略区域；原中材集团水泥业务主要分布在西北地区；华中、安徽、北京等地的水泥业务则是由海螺集团等行业中的其他兄弟企业经营。

大的区域划好了，还要在区域市场内精耕细作。中国建材的做法是围绕地级市建立核心利润区。国内水泥企业的竞争力主要来自自身的市场占有率和议价能力，因此，只有进行更加精准的市场细分，将战略区域从省一级划分到市县级，才有可能用最少的资源获得最高的利润回报。前些年，中国建材在核心战略区域内组建了 45 个核心利润区，这些核心利润区对水泥业务的利润贡献率超过了 80%。

中国建材的国际工程业务也是核心利润区建设的一个典范。中国建材原有十几家涉及工程服务的公司，分别来自原中建材集团和原中材集团。这些企业经过多年境外 EPC 项目的实施，建设了一大批世界一流的水泥和玻璃工程，但由于业务同质化，企业之间经常打乱仗，大量内耗，损失收益。"两材"重组后，我们召开国际工程业务专题工作会，成立协调工作组，明确精耕市场、精准服务、精化技术、精细管理的要求，提出减少家数、划分市场、集中协调、适当补偿、加快转型的思路，确定统一经营理念、统一竞合、统一对标体系、统一协调机构的"四统一"原则。针对"一带一路"倡议，我们加大资源整合力度。采用"切西瓜"模式，中国建材在全球划出东南非洲、中东欧、中东、中亚、南亚、东南亚、南美七个重点区域。这种"切西瓜"模式可避免相互杀价，化解竞争冲突，使企业更专注市场和坚守长期主义，占领一个市场就要深耕那片市场。

从中国加入WTO到现在，这20多年里，中国企业坐拥两大市场，一个是快速成长的14亿人的中国市场，一个是精耕细作开发了40多年的全球市场。本来我们全球化的日子过得挺好，但是两件事影响了中国企业的发展节奏，一件事是西方一些国家逆全球化，另一件事就是新冠肺炎疫情。怎么办呢？党的十九届五中全会提出了"加快构建以国内大循环为主体、国内国际双循环相互促进的新发展格局"的重大战略部署，但新格局的形成需要时间，并不是马上就能形成的。对于企业而言，要辩证地看待这个阶段。

比如，2020年上半年疫情初期，我国经济一度停摆，生产受影响，出口也受影响，后来国外也停摆，也不需要我们的产品了。2020年下半年到2021年上半年，情况又完全不同，国外对中国产品的需求是天量的，他们需要几千亿只口罩，和中国脱钩是不可能的，我们的企业又掉过头去满足国际市场。那么，2022年呢？2022年中国的内需会稳步恢复，我们出台了那么多资金面的政策，情况是在好转的。但是无论如何，今年企业的策略应该是抓双循环、相互促进——国际上有订单，要当仁不让，国内市场也要积极地开发，两者结合起来，抓住客户才有江山。

今后的国际市场将会逐渐形成区域化的格局，如欧洲市场、北美市场、亚洲市场和非洲市场等。2020年区域全面经济伙伴关系协定（RCEP）的签署，标志着当前世界上人口最多、经贸规模最大、最具发展潜力的自由贸易区正式启航。企业要适应和抓住区域化的机会，建设自己的核心市场，巩固出口基本盘，做好自由贸易区的产业链、供应链的合作，同时继续开展"一带一路"产业链建设、产融合作、资源共享的工作，打造新的增长极。企业要在国际市场上建立自己牢固的根据地,深耕市场,按照这种思路去做,减少企业国际化经营的风险。

企业要积极应对全球经济区域化,不仅要产品"走出去",还要企业"走出去"。过去中国是世界的工厂,而今后世界各地都要有中国的工厂。中国巨石前些年就在美国和埃及建立了工厂,分别面向北美市场和欧洲市场。尽管不少企业的国外市场这几年受贸易摩擦影响而举步维艰,但中国巨石的北美市场和欧洲市场并未受到影响。

中国的企业要在市场上发扬"悍马精神",构建"两栖"企业,成为进可攻退可守、既立足国内市场又面向国际市场的"双打"冠军。中国的大型跨国公司正在形成,美的、海信、TCL等公司的国际化程度都很高,正在把公司产品推广到全世界,如海信的海外销售额占比将近50%,新的市场优势正在形成。

四是抓住核心客户。 企业有没有以及有多少忠诚的核心客户对于企业经营至关重要。当然,企业对客户也要忠诚。如今,凡是优秀的企业往往都建立了长期的客户和核心的客户群,都对客户忠诚,都在持续为客户创造价值,并提供增值服务。

有时,我们去饭店吃饭,如果点了一大桌子菜,吃不下,就会造成浪费;而如果有服务员在点菜时告诉我们,菜已经够了,不用再点了,我们就会觉得很温暖。这就是一种增值服务,看起来好像少卖了几道菜,但是长期来看,饭店获得了更多回头客。这个故事的道理其实挺简单,但是并不那么容易做到。

业务布局要有限相关多元

企业在培育和巩固专业化能力的基础上,如有必要可探索有限相关多元业务，以降低业务过于单一带来的机会风险，扩大营业规模，提高盈利能力。

所谓有限相关多元，就是在对现有业务做精、做专的基础上，根据企业发展需要，选择那些与现有核心业务相关的产业和产品，顺着产业链上下游延伸，既坚守传统主业，又稳健开发新业务。关于业务数量，我主张以一个为主、两个为辅，总数不超过三个，再多了不一定能做好，也没必要。

以北新建材为例，它也经历了从专业化到有限相关多元的转变。2019年，北新建材在建厂40周年之际，重新梳理并制定了下一阶段的发展战略，就是"一体两翼、全球布局"。"一体"就是以石膏板业务为核心，做好轻钢龙骨、粉料砂浆、矿棉板、岩棉、金邦板等"石膏板+"配套延伸产品业务和全球原创鲁班万能板全屋装配体系，构建完整的产品技术解决方案。"两翼"就是发展防水材料和涂料业务，进入"十倍+"业务规模的市场。"全球布局"就是以石膏板为龙头产品，逐步开展全产品系列的全球布局。

制定这样的发展战略，既有内因，也有外因。石膏板是一个充分竞争、完全开放、规模不大的小行业，北新建材石膏板业务已经占据国内60%的市场份额，逼近企业现有业务成长的天花板。这就决定了北新建材需要重新进入一个市场规模是现有业务十倍级以上的大行业，这个大行业能够发挥北新建材的协同优势、具备整合机会、存在痛点和品质创新提升需求等。这是内因，是北新建材自身发展阶段的需要。

那么，外因是什么呢？防水材料是仅次于结构材料的重要功能性材料，但是行业极度分散、恶性竞争，导致低价竞争和偷工减料、渗漏情况非常普遍，对于基础设施工程项目造成很多安全隐患，房地产住宅的千家万户更是经常为渗漏问题而烦恼。北新建材作为央企上市公司，同属于新型建材行业，服务同样的房地产客户群体，深知客户的痛点，勇于承担社会责任，勇敢进入防水材料行业，为广大房地产客户、基础设施客户乃至千家万户的渗漏修缮提供更高品质的防水系统。北新建材以几十亿元净利润和现金流的石膏板业务为基础，有足够的耐心、责任心和使命驱动做好防水材料与涂料业务。

作为北新建材防水产业整合管理投资平台，北新防水现在全国拥有十余个防水材料生产基地，形成了覆盖全国的防水生产基地及营销服务网络，将组建"1+N"的防水产业格局，研发打造北新防水品牌，同时在专业市场和业务领域打造N个独立品牌。北新防水聚焦产品主航道，并通过不断的创新研发，推出差异化产品和系统，提高品牌认知度，提升经销商的盈利能力和忠诚度，确保存量客户的稳定。通过品牌整合，北新防水品牌获得质量放心、服务满意的市场认同；通过品牌拉动和营销推广，市场份额逐年稳步提升。2021年，北新防水业务营业收入近40亿元。

在涂料业务方面，北新建材采用"新建项目+联合重组"的发展方式。作为北新建材投资和运营涂料业务的平台，2021年北新涂料有限公司（简称北新涂料）成立，对现有涂料业务进行整合，并开展建筑涂料、工业涂料及相关材料产业的全国布局和全球发展。北新涂料继续推进营销2.0，紧盯制高点工程，圆满完成冬奥会项目，全面服务西藏文化艺术中心项目、中科院高能物理所怀柔科学城等重点项目。北新涂料旗下的"龙牌"涂料持续稳健发展，"灯塔牌"涂料是中国民族涂料工业的排头兵，是涂料行业的第一家中华老字号，为"神舟"系列载人航天飞船、"长征"运载火箭等提供专业涂料配套，为我国航空航天事业做出了贡献。北新涂料跃居中国涂料头部企业，经营指标增幅领先于同行业。

企业成长要有节奏

惠普创始人提出的帕卡德定律总结了大企业衰败的三个原因：当人才成

长的速度跟不上企业成长的速度时，企业很快就会衰败；当企业面临的机遇太多，且选择太多时，企业也可能会衰败；很多企业失败并不是不创新，而是创新战线拉得过长，导致顾此失彼，找不到重点和关键。

在同主营互联网医疗的独角兽企业创始人谈话时，我就曾关切地问道："一是企业成长得很快，最重要的是人才成长，有没有那么多人才呢？二是核心价值观的穿透力，管理者的价值观能不能传递到组织的末梢，也就是企业文化能不能保持一致性？三是机遇太多，创新战线拉得过长，怎么办？"

在各种诱惑面前，能否有定力，坚持把自己的主业做好，这其实很考验企业家。还要注意的是，即使选择了做专业化，如果公司发展速度太快，快到人力和财力无法支撑的时候，企业也容易遇到问题。因为企业的成长是有节奏的，不能只一味地快速成长。我主张稳健成长，稳扎稳打，步步为营。

对企业来说，风险是客观的，如影随形。做企业要尽量防范风险，让风险出现之后可控、可承担，这非常重要。企业家做企业，做得小还可以说是个人的，做大了实际上是属于社会的。不管是大企业还是小企业，倒闭了都会影响社会，企业家也无法独善其身。防范风险，是企业家应有的担当、责任和情怀。

在防范风险方面，有几点要注意：

一是要注意周期、研究周期。经济发展是有周期性的，不少行业也是有周期性的。周期上行的时候，企业可以走得快一点；周期下行的时候，企业要走得稳一点。同时，周期上行时，我们要考虑到周期下行的情况；周期下行时，我们要考虑到周期上行的情况，一定要辩证地来看待。

二是要学会应对危机。风险大了就变成危机。危机来了怎么办？妥善应对危机，使企业转危为安，这是企业家的一个重要特质。企业家不能光会打胜仗，还要会处理危机，要清楚遇到困难该怎么做。我想到一组例子：2017

年，万科就开始捂紧钱袋子，明白坚持活着很重要，万科当时看到了房地产的周期，现在活得比较轻松；万达2017年出现了危机，但能断臂求生，现在也从危机中走了出来；而有的房地产企业当时还高歌猛进，现在正在应对危机。当然，如果企业有机会早些解决危机就早些解决，不要等到小危机酝酿成大危机再去解决，那往往为时已晚。所以做企业一定要战战兢兢、如履薄冰、如临深渊，要稳健经营。

自2004年以来，北新建材坚守"审慎投资、稳健经营、严控风险、有机增长"的经营理念，致力于实现可持续的高质量发展。北新建材非常重视有质量的经营，从来不追求把"做大"放在第一位。董事长王兵在北京大学国家发展研究院EMBA论坛上曾谈道："过去别人一问我企业产值或收入多少，那时就会有压力；后来经历了几年想通了，就把这个包袱卸了下来。稳健经营的第一条是永远不要怕别人问产值或收入多少，先要告诉别人利润、利润率、现金流。"北新建材的九宫格管理法，就是做强、做优、做大的九个指标，用净利润、年均净利润复合增长率、授权专利数三个指标来表达做强，用ROA（资产收益率）、销售净利润率、资产负债率三个指标来表达做优，用石膏板全球市场份额、市净率（股价/净资产）、营业收入三个指标来表达做大，引导公司走向价值经营。

企业的发展是分阶段的，在成长期最重要的是迅速做大，这符合市场经济和现代工业的最基本规律，就像要增产1万斤粮食，种1000亩地比种100亩地要更容易实现这个目标。企业应做大，但不能"贪大"，一味追求规模，忽视内在素质和核心竞争力的提升，很可能会大而不强，甚至由盛转衰。

40年前我去日本，观察到在大街上，日本人行色匆匆，而中国人走路慢慢悠悠。然而，40年后的今天，再到东京大街上去看，走路快的则是中国人，慢的反而是日本人。为什么中国人从慢慢走变得快了起来？因为随着中国经济的发展,我们的工作和生活节奏加快,大家急着赶路。但今天我们要把快跑转变为慢跑和长跑,因为外部环境、我们的目标都发生了根本性的改变。从重视速度和规模,转为重视效益和质量,我们正在经历、完成这场改变。国家是如此,对企业而言也应如此。企业家应该能够稳健前行,这不是说要恢复成40年前那样慢慢悠悠的状态,而是在经历了一阵快跑之后,现在要学会长跑,要稳定地达成目标。经营企业要稳健,但不是要躺平,而是要稳健前行、拾级而上。

美国管理学大师吉姆·柯林斯曾对企业成长做过深入研究。他有三部管理学经典著作:《基业长青》主要讲的是如何建造百年老店;《从优秀到卓越》主要讲的是如何从平庸企业发展成为卓越企业;《再造卓越》主要讲的是大企业为什么会倒下,为什么有的企业倒下了就销声匿迹,而有的企业却能东山再起、再创辉煌。尽管书中讲述的是企业失败的"黑暗史",但柯林斯告诉我们,失败有规律可循,若及早有效应对问题,仍能扭转乾坤,再造卓越。

2018年8月,我曾在《总裁读书会》节目上专门介绍了《再造卓越》这本书,并重点介绍了书中讲到的卓越企业倒下的五个阶段:

- 狂妄自大。一个企业获得成功后变得目空一切,甚至放弃了最初的价值观和管理准则。成功的创业者也是如此,容易飘飘然,这就需要克制和低调。比如,小米公司创始人雷军创业很成功,但是现在也常穿牛仔裤,坐飞机还坐的是经济舱,每次演讲内容都很务实,这才是创业者的本色。
- 盲目扩张。之前的成功让企业觉得自己无所不能,在资本市场或个人英雄主义的推动下,开始不停地扩张业务,什么都想试一把。
- 漠视危机。由于盲目扩张、摊子铺得过大,潜在危机逐步显现,但企业领导人采取"鸵鸟政策",把困难和问题归因于客观环境而不是自身,使得事态一步步恶化。
- 寻求救命稻草。危机出现后慌乱中抱佛脚,采取了聘请空降兵紧急救场、做重大重组、修正财务报表等不切实际的招数。
- 被人遗忘或濒临死亡。

企业倒下时可能这五个阶段全部经历了,也可能只经历了其中几个阶段;有的走完五个阶段要几十年,有的只用短短几年,如雷曼兄弟几乎就是一夜之间倒下的。就像爬山,爬上去可能需要10天时间,但是从山上掉下来只需要10秒。所以,从来没有强者恒强的道理,即使今天很强的企业,也要思考下一个倒下的是不是自己,因为当下外部环境存在太多的不确定性。

以国内某家上市公司为例,最初以网络视频行业的广告业务、终端业务、会员及发行业务等为主要收入来源,后来业务扩展至电视、手机、金融、体育、电影、云服务等诸多领域。该上市公司通过数目繁多的子公司,致力于打造基于视频产业、内容产业和智能终端的"平台+内容+终端+应用"完整生态系统。但是因为激进的多元化、烧钱扩张、主业不聚焦而产生商业合理性低和财务舞弊等问题,进而导致直接出现债务危机,2020年不得不退市。

我2018年去拜访任正非时,他给我推荐了《下一个倒下的会不会是华为》这本书。为什么在华为做得如日中天的时候,他会保持这种忧患意识?他不是谦虚,而是洞察到了企业的规律,企业没有大而不倒的道理,企业要做大,但更重要的是做强和做优。所以,做企业要保持清醒认识,尽早察觉问题,找到避免衰落的自救药和工具箱,避免重蹈失败的覆辙。

公司只要没有深陷柯林斯所说的第五个阶段,仍可能逆势翻盘。企业要想避免衰落、再造卓越，需要做到以下四点：一是规模做大以后要有忧患意识，严防机构臃肿、人浮于事、士气低迷、效率低下、投资混乱、管理失控的"大企业病"，规模是把双刃剑，患上"大企业病"，会降低企业的竞争力，进而走向衰落。二是在扩张时要突出主业，要有取舍，不做与企业战略和自身能力不匹配的业务。三是出现危机时，不能掉以轻心，要全力应对，防止风险点和出血点继续扩大；风起于青蘋之末的时候，就应该去解决，千万不能大意，更不能采取"鸵鸟政策"，如果不直面危机，危机就会越来越大。四是解决问题时，不能存"有病乱投医"的侥幸心理，要静下心来找到解决问题的方法，对症下药，有效解决。

第10章

创新有效化

今天是个创新的时代,但创新又是有风险的事情,人们总讲"不创新等死,盲目创新找死"。那么,怎么把握好创新的度呢?这就要进行有效的创新,不能盲目创新。对企业而言,赚钱的技术才是好技术。企业一定要在自己熟悉的业务领域开展创新活动,选择合适的机遇和创新模式,还要量入为出。企业创新也不一定都要选高科技,中科技、低科技、零科技都可以创新。毕竟,高科技是高投入、高风险,周期也长,不是一般企业能投得起的。企业的创新要紧紧围绕自身需要和发展进行,并力争注入资本的力量。

创新是生产要素的新组合

诺贝尔经济学奖获得者、美国经济学家埃德蒙·费尔普斯在《大繁荣》一书中提出,创新不仅仅简单地取决于制度,更取决于创新文化,下一个创新的国度是中国,因为中国的创新文化氛围日益高涨。英国科普作家马特·里德利在《创新的起源》⊖一书中也提出,中国正在成为全球创新的发动机。

科技是国家强盛之基,创新是民族进步之魂,是引领发展的第一动力。党的十九届五中全会通过的《中共中央关于制定国民经济和社会发展第十四个五年规划和二〇三五年远景目标的建议》强调:"坚持创新在我国现代化建设全局中的核心地位,把科技自立自强作为国家发展的战略支撑。"从广义上讲,创新包括社会创新、制度创新、文化创新,甚至思想创新等。不过,本章将聚焦企业创新,创新是企业腾飞的翅膀,对创新的探索贯穿现代企业发展的始终。

熊彼特在《经济发展理论》一书中首次提出,创新是建立一种新的生产函数。也就是说,把一种从来没有出现过的关于生产要素和生产条件的"新组合"引入生产体系。这里,创新包括五种情况:一是引进新的产品,即消费者还不熟悉的产品;二是引用新的技术,即新的生产方法;三是开辟新的市场,即以前不曾进入的市场,不管这个市场以前是否存在过;四是控制原材料或半成品新的供应来源;五是实现新的组织形式或企业重组,比如打破垄断或形成垄断地位。这五种情况的创新,依次对应现在常讲的产品创新、技术创新、市场创新、资源配置创新、组织创新。

从上述熊彼特的阐释来看,创新最初指的是企业创新,是企业对新的生产要素和生产条件进行新组合。其实,我们今天不难理解"新组合"。比如,互联网经济实际上就是互联网要素和实体经济组合在一起,我们把线上搜索下单和线下的产品结合在一起,通过物流等形式进行新组合,这种新组合颠覆了过去传统的购物中心、超级市场等商业模式。

企业创新是生产要素的新组合,今天在新组合中最重要、最核心的要素是科技,衡量企业家能力的重要维度就是能不能把科技这一要素组合进来,

---

⊖ 本书中文版机械工业出版社已出版。

科技创新是企业创新的核心。这里，科技创新包含三层含义：一是科学，科学的任务是发现，发现未知是科学家的任务。二是技术，技术的任务是发明，即运用科学知识、科学技术，首创出先进、新颖、独特的具有社会意义的新事物、新方法，能有效地满足某种需要。工艺、装备等都要依靠发明，而发明主要是工程师的任务。三是企业的创新是产品，企业家的任务是如何把产品做得更好、成本更低、功能更好、质量更高，最后取得效益。这三层含义是互相结合、互为联系的。

科学发现是技术发明的基础，技术发明是企业创新的基础，没有科技创新很难进行企业创新。比如气体方程中的节流原理，它在实践中的应用是空调和冰箱。反之，企业创新也促进了技术发明和科学发现。比如企业在17世纪末18世纪初就开始造蒸汽机，那时还没有热力学定律，花了几十年时间才把蒸汽机造了出来，而后才催生了热力学定律。

当前国际环境发生了很大变化，我国科技创新和企业创新发展得很快，有的已经领跑世界，但基础研究仍较为薄弱。今天要解决"卡脖子"技术，一方面，要有科学创新，也就是要加大基础研究，基础研究是推动原始创新、构筑科技和产业发展"大厦"的基石。目前，我国已经到了必须加强基础研究的关键时期。另一方面，要加强技术创新和企业创新，加大对"卡脖子"项目的投入。2021年《政府工作报告》提出，加快构建以国家实验室为引领的战略科技力量。我国在制造业方面要大规模地建造实验室和研究中心，以便进行技术攻关，加大技术研发和自主创新力度。

中国建材旗下的蚌埠玻璃工业设计研究院（以下简称蚌埠院）成功研发出TFT-LCD基板玻璃，是打破垄断的一个典型例子。蚌埠院有个国家玻璃重点实验室，实验室团队进行了几十年硅基材料的科学研究；同时，蚌埠院又有大型装备开发能力，解决了制造工艺和装备技术的问题，再进一步延展,中国建材利用自身的资本投资能力,对这个项目进行了大规模投入,使得技术创新变为现实,进而生产出产品。

在科技创新中,既有高科技、中科技,也有低科技。企业既要重视高科技的研发,也要重视中科技和低科技的开发应用,高科技引领中科技、低科技的发展,中科技、低科技又是高科技的基础。实际上,高科技带来的经济贡献约占25%,大量创新是中科技和低科技的开发应用。比如北新建材的石膏板,全球质量最好,销量也最大,它的技术是让石膏板既轻又强度高,而这项技术显然不是高科技,可能是中科技,但成就了产品的核心竞争力,所以它对企业来说也是非常重要的。

企业家的任务是有效创新

2021年3月,《求是》杂志刊发了习近平总书记重要文章《努力成为世界主要科学中心和创新高地》,这篇文章指出,"创新从来都是九死一生,但我们必须有'亦余心之所善兮,虽九死其犹未悔'的豪情"。

我们常讲"不创新等死,盲目创新找死"。创新是一项艰难的、风险重重的工作,但又意义重大。企业家的任务是什么呢?那就是要平抑、减少这些风险,进行有效的创新。简言之,就是提高创新的质量和效率,节约创新成本,减少盲目、不必要的风险。

第一,有效的创新。企业是一个营利组织,受到严格的商业约束,因此做企业就得有效益,就得赚钱,这是每位企业家必须要思考的问题。企业要坚持创新的效益导向,没有效益的创新拖累企业发展,这样的教训实在不少。摩托罗拉当年通过66颗环绕地球的低轨卫星组成的全球卫星移动通信系统,使铱星电话在全世界任何一个地方都能接收到信号。但是,铱星电话和后来的手机相比很笨重,无法解决信号屏蔽问题,费用也很高,没有产生效益，于是退出了舞台，摩托罗拉因此受到了很大的拖累。所以，企业在研究创新的时候不是要把所有的创新都拿来用，而是要思考创新的效果怎么样，能否创造效益。其实，传统产业中需要创新的业务也不少，像最新的智能化水泥生产线，用工减少了200多人，吨熟料煤耗下降了20多千克，这是很大的经济效益。所以，企业的创新要紧紧围绕企业的需要和发展进行，最终要为企业创造良好的效益。

企业是营利组织，不是兴趣小组，对企业而言，赚钱的技术才是好技术。这也是做企业和做科学研究不太一样的地方。科学家的创新是科学发现，并不一定要有短期的经济效益。而企业如果没有产生利润或市场价值就很难持续经营下去。所以，企业家的创新要规避和降低风险，创造效益。这就是企业一定要让创新有效、减少盲目创新的原因，并不是创新不可以失败，而是要提高创新成功的概率。风险投资的成功率有10%就行，但企业创新不是风险投资，尤其实体经济企业、生产或制造企业，创新的成功率最好要在70%才能去做。

百度的口号是技术改变世界，多年来从搜索引擎到人工智能、自动驾驶，发展的核心始终是技术。当然，这个技术要获得市场认可才算好，它遵循的原则是"攀登珠峰，沿途下蛋"，在长期研发投入的过程中也要有结果，有收入，有利润。

作为中国在校大学生创业的第一家上市公司，科大讯飞始终坚持"顶天立地"的发展战略。"顶天"是指核心技术始终保持国际领先，"立地"是让技术成果实现大规模产业化应用。依托国内首家上线的讯飞开放平台，在教育、医疗、智能办公、智慧城市等应用场景，不断扩大应用规模，进而通过"算法—数据"的持续闭环迭代，实现源头技术创新和产业应用的良性互动。

第二，有目的的创新。创新活动开始之前，要分析创新的机遇、目标和路径，认真学习前人的经验，细致地谋划组织。德鲁克认为创新是有目的地寻求机遇的过程，有目的的创新甚至能减少 90% 的风险。很多人一听到创新就按捺不住了，还没了解清楚项目就立马干起来，这种盲目创新的例子并不少见。2000 年，社会上曾涌现出互联网热和纳米热，大家一窝蜂去做，结果很多企业都失败了；后来又掀起石墨烯热，石墨烯技术的确重要，但并不是谁都能做的。

企业在创新上不能做冲动派，也不能做盲从者，而是要有方向，有风险意识，有的放矢，谋定而后动。在对新技术进行深入了解和认真思考的基础上，企业要找到适合自己的方向和应用场景，扎扎实实地进行那些和自己实际情况能有效结合的创新。例如，中国建材在超薄玻璃、碳纤维、风电叶片、薄膜太阳能电池等领域的成功，都是在认真分析产业形势、市场需求、自身优势的基础上，锁定目标，长期技术攻关的结果，都是有目的的创新。

第三，要在熟悉的领域创新。相比而言，企业在熟悉的领域创新更容易成功。做企业，业务选择很重要，但选对了业务只是开头。业务选好后，企业可能需要一二十年或二三十年甚至更长时间才能做到一流。在创新的过程中，如果企业放着熟悉的领域不做，反而进入一个完全陌生的领域，一切从零开始，就容易犯错，因此企业不要盲目跨界。

我在同时担任中国建材和国药集团董事长的 5 年里，学到了不少东西，也发现了不少机遇，但中国建材没有去做医药项目。为什么？因为建材领域的技术人员不熟悉生物医药领域的东西，在一个不熟悉的领域里是很难做决策的。当然，这并不是说不能进行跨领域的创新，外部的某些创新可能对行业产生很大的乃至颠覆性的影响，必须认真研究。但是，创新通常需要对一个行业有着深刻的了解，不是积累多年经验的内行，对于风险点和路径往往无从判断，盲目跨界十有八九会出问题。如果确定要跨界且条件具备，也要有熟门熟路的盈利点作为底部支撑。

第四，有组织的创新。创新不能靠单打独斗，任何创新都是在一个系统组织中进行的，形成功能互补、良性互动、开放共享的创新格局。过去，我国三大电信运营商都有各自的铁塔，现在新组建的铁塔公司把三大电信运营商的铁塔统一起来集中运行，不但节省了巨额投资，还发挥了规模效应。

第五，有效的管理。在创新中，管理的作用不容忽视。爱迪生当年创建了六七家公司，很会引资也不缺资金，但他不相信管理，更不相信职业经理人，认为企业就是技术加资本。由于管理不到位，他创立的通用电气被逼入破产境地，最终不得不放弃对公司的掌控权。现在，一些科技型上市公司之所以运作得不太成功，原因之一就是科学家与企业家发生了错位。科学家有了创新成果，常有自己开工厂、做管理的倾向，然而一旦把工厂做起来了，就会涉及贷款、生产、销售等各种问题，这些未必是科学家擅长的领域。所以，创新做得再好也不能替代管理。

创新有模式可依

创新并不神秘，它既有规律可循，也有模式可依。创新模式包括自主创新、模仿创新、集成创新、协同创新、持续性创新、颠覆性创新、商业模式创新等。企业应根据自身状况和发展阶段，在实践中认真研究，活学活用。接下来，我将主要讨论其中的五种创新模式。

自主创新

过去，我们走了一条引进—消化—吸收—再创新（即模仿创新）的路。模仿创新的好处是降低成本，提高效率，是后发经济体和企业主要的创新模式。但是，现在单靠模仿越来越行不通了，一是专利保护和知识产权制度越来越严，二是靠模仿创新只能有二流、三流的技术，不可能做到一流。我们经过了跟跑和并跑，现在局部已经领跑，必须要自主创新。

自主创新主要是指用自己的力量开展创新的活动，原始创新和独立创新都属于这个范畴。目前，我国不少企业的创新在全球处于领先水平，几乎没有可参照的模仿对象，必须进行自主创新、原始创新、独立创新。自主创新的难度比较大，大多是由国家的研究部门、大学的实验室和大企业的中央研究院完成的。自主创新投入很大，像一种新药的研发，过去大约需要10亿美元，现在平均需要26亿美元。

华为通过投入巨资来进行自主创新。华为在世界各地拥有研发人员约10万人，2020年研发投入高达1419亿元。华为正在行业中逐步攻入无人区，处于无人领航、无既定规则、无人跟随的处境。比亚迪2020年营业收入为1566亿元，但研发投入也有近百亿元。这些企业的研发投入都是比较高的。

日本企业过去非常重视技术引进，但并不是简单地把引进的技术直接用于生产或制造产品，而是无一例外地进行了消化吸收，使之成为自己的东西。比如，半导体最早是美国人发明的，而使半导体收音机在全世界普及的却是索尼（SONY）这家购买美国专利的日本公司。在整个20世纪70年代和80年代，日本企业基本上是以引进技术为主，但随着日本企业竞争力的增强，欧美企业提高了警惕，使得日本企业后来不得不转向开发自己的技术。日本大企业现在都建有研发机构，并将相当于营业收入3%的费用用于研发，进行许多前瞻性研究。

2021年5月，习近平总书记在中国科学院第二十次院士大会、中国工程院第十五次院士大会、中国科协第十次全国代表大会上强调：加强原创性、引领性科技攻关，坚决打赢关键核心技术攻坚战。以材料行业为例，我国在整个新材料发展过程中，遭遇了不少"卡脖子"问题。中国建材通过自主创新和科技创新，研发出了浮法玻璃、手机上的液晶面板玻璃、中性硼硅药用玻璃、T1000碳纤维等，解决了我国产业链上关键材料"卡脖子"的问题。

除了20世纪七八十年代的浮法玻璃外，中国建材在玻璃领域还有几项创新。手机屏幕上有四片玻璃：两片液晶面板玻璃、超薄电子触控玻璃和表面非常坚硬的高铝金刚玻璃。这几片玻璃的生产技术很复杂，过去由美国和日本公司垄断，我国一直做不了，近些年中国建材打破了这种垄断，把这几片玻璃都做了出来。一是液晶面板玻璃，厚度只有0.3毫米，而且耐高温，是液晶显示的关键材料。二是超薄电子触控玻璃，玻璃越薄，透光性能就越好，柔韧性好，重量也会随之减轻。但是玻璃太薄又非常易碎，怎样让玻璃既薄又有足够的强度和柔韧性，是个世界性难题。中国建材集团所属蚌埠院开始了长达30多年的探索，凭借完全自主知识产权的成套先进技术及装备，近年来相继拉引出0.2毫米、0.15毫米、0.12毫米的超薄玻璃，实现了从"超薄"到"极薄"的跨越，接连刷新世界纪录，为我国玻璃产业发展提供了有力支撑，也使得超薄玻璃的国际市场价格降低了2/3。三是高铝金刚玻璃，含20%的铝，强度非常高，所以手机现在掉在地上也不容易摔碎。

随着5G、AI等技术的快速进步，人机交互需求会越来越多，柔性显示成为引领显示产业新一轮变革的动力引擎。可折叠手机成为未来产品升级的方向之一。中国建材旗下凯盛科技利用自身在柔性触控玻璃上的科研攻关和产业化能力，自主研发并生产出30～70微米厚度的主流规格超薄柔性玻璃，能够实现玻璃连续90万次弯折不破损，弯折半径小于1.5毫米，都是行业领先水平，打破了国外垄断，从源头上保障了中国信息显示产业链的安全。

新冠肺炎疫情暴发之后，大家一直都很关注疫苗，在疫苗研发和生产过程中，装疫苗的小瓶子至关重要。这个小瓶子的原材料是中性硼硅药用玻璃，过去我国也做不了。因为我们的玻璃都是钠玻璃，在熔制过程中加入含钠、钾盐的助熔剂，加了水以后就会溶解、析出，把药液储存在玻璃瓶里性质容易改变，很多药就不合格了。几年前，中国建材通过在河北省魏县的产业扶贫项目，建了一条药用玻璃生产线，把这个瓶子做了出来，打破了国内5.0 中性硼硅药用玻璃完全依赖进口的局面。

2020 年在新冠肺炎疫情之下，除了口罩、防护服等医疗物资短缺外，注射疫苗用的玻璃瓶也出现严重短缺。由于储存疫苗所需的玻璃瓶不足，即使疫苗获得生产批准，恐怕也无法立即在全球范围内推广。美国等国家的公司大量囤积储存疫苗用的玻璃瓶，仅强生一家制药公司就发出了 2.5 亿只的订单，在这种情况下，我国就很难进口了，而现在这些玻璃瓶大多是由中国建材等国内药用玻璃企业来生产的。可以说，中性硼硅药用安瓿瓶的大量生产能力对于加快我国疫苗的研发和生产进度至关重要。

为什么我们会选择这样的玻璃瓶业务呢？第一，根据大的逻辑方向判断，中国缺少 40 万吨这样的玻璃瓶，这是个挺大的数字，也说明有需求和市场空间。第二，商业向善，科技扶贫是要给当地人做像样的项目，而不是糊弄他们。所以，商业逻辑和商业伦理都很重要。

碳纤维是高档复合材料的重要原料，被称为材料行业里"皇冠上的明珠"和 21 世纪的"黑黄金"。碳纤维强度是钢的 7～10 倍，密度是钢的 1/4，还有抗疲劳、强度高等性能，广泛应用于航空航天、交通运输、新能源（光伏、风电等）、基建等领域。波音 787、空客 A380 以及我国的 C919、CR929 这些飞机上都要大量地使用碳纤维，但是过去美国和日本两家公司控制着高端碳纤维市场，对我们是技术封锁的。

2007 年我在连云港出差，无意中听说市里有位名叫张国良的企业家在做碳纤维，便马上托人邀他见了面。第二天一大早，我又兴冲冲地跑到张国良的工厂参观，巧的是他正在院子里放鞭炮庆祝第一根碳纤维下线。尽管这家企业当时生产线的年设计能力只有20吨，但通过与张国良的交谈，我决定支持这个项目，因为他的技术思路在逻辑上是正确的。后来，中国建材以增资扩股的形式参与了该项目，组建并控股中复神鹰。中复神鹰组建了一支碳纤维产业化的"国家队"，助力攻克装备制造难关，从创业之初的年产20吨T300中试线，发展到T700、T800、T1000陆续成功量产，填补了我国碳纤维高端技术的空白，在国内率先实现了干喷湿纺的关键技术和核心装备自主化，荣获"国家科技进步一等奖"。

讲到碳纤维，实际上新冠肺炎疫情暴发之后有一个产品卖得特别好，就是碳纤维自行车，这是前些年开发的。在欧洲、日本等很多地方，大家因为疫情都不愿意坐公共交通工具出行，自行车就成了首选，需求量急速增长，订单非常多，可以说供不应求。

中国建材目前已经成为中国商飞CR929国产大飞机三个机身段合格供应商，并和中车合作开发动车、高铁的整体车厢。2021年6月，中复神鹰科创板IPO已获上交所受理，9月，万吨碳纤维生产线在西宁正式投产，项目总投资50亿元，首次实现了单线年产3000吨高性能碳纤维生产线设计和高端成套技术自主可控，拥有完全自主知识产权。设备的国产化率更是高达85%，投产后能极大提升我国碳纤维供应链的自主可控能力。

集成创新

集成创新就是把各种创新要素结合起来进行的创新，就如同"把做面包的技术用在蒸馒头上"，是介于自主创新和模仿创新之间的一种创新形态。

今天，全世界几乎没有什么技术是由某个企业单独开发的，各企业在创新的过程中互相借鉴、互相学习，探索和开发新技术，实现各种要素的有效集成和优化组合，这就是集成创新。在全球化新时代，能将分散创新的研发效率、大规模创新的协同效应和大规模应用的市场效应紧密结合在一起的企业，才能占据主动。对企业来说，有时窗口期很重要，如果一个窗口期都没有，有些事情就做不下来；而错过窗口期，就会错过宝贵的机会。在"卡脖子"的关键领域，我们要强化自主创新，而在其他领域，我们可以进行开放、合作的集成创新。

这些年来，中国建材在集成创新方面大胆迈步，重组海内外高科技企业，积极引入先进技术和高层次人才，牢牢控制行业制高点，真正做到在相关领域领先一步。例如，在风力发电叶片领域，中国建材2007年收购了德国做风力发电叶片的NOI公司，后来更名为SINOI公司。NOI公司位于德国的北豪森市，鼎盛时期曾是欧洲第二大风电叶片供应商。德国风力发电走入低谷的时候，由于股东方撤资，这家公司当时进入破产保护程序。中国建材抓住有利时机，成功收购了这家公司，成立了海外研发中心。这场重组开创了中国本土企业收购国外风电设备公司的先河，成为"中国学生"收购"洋师傅"的典型案例。通过重组，中国建材一跃成为全球兆瓦级风电叶片领域的领导者。

中国建材在铜铟镓硒太阳能领域也实现了集成创新。德国Avancis公司曾先后隶属于西门子、荷兰皇家壳牌、圣戈班三家公司。欧洲主权债务危机后太阳能业务受创，2014年中国建材从圣戈班收购了这家公司，包括它在慕尼黑西门子研发园区的研发中心和研究人员，以及在莱比锡附近托尔高市的工厂和智能化生产线。

依托慕尼黑这个实验室的技术，中国建材平行地在安徽蚌埠也做了一个实验室并建设蚌埠的铜铟镓硒生产线，两边一起完成了很多原材料国产化、光伏建筑一体化设计等工作，生产出了世界上最好的太阳能电池，转化率很高，超过19%。

我们还做了另一种薄膜电池，叫碲化镉太阳能薄膜电池。美国的第一太阳能公司是全球最大的薄膜太阳能组件生产商。我们要做这个业务，可是没技术，美国进行技术封锁，不来中国设厂，碲化镉电池也不卖到我们国家，想买个样品都买不到。后来我们在德国找到一个技术团队，投资成立了一个研发中心。随后在成都建了一条碲化镉生产线，2018年当年投产就盈利，这两年加大了建新线的力度。

过去，日本、韩国和中国台湾几乎垄断了液晶显示屏市场，中国大陆产业长期忍受"缺屏之痛"，相关的核心技术相当于零，自主研发的路走不通，只能依靠"外力"。2002年，受亚洲金融危机的影响，韩国现代电子决定出售自己的液晶显示业务。2003年，京东方看准机会收购韩国现代电子麾下TFT-LCD液晶面板产线，通过收购海外企业的技术、市场及人才，消化、吸收、再创新，高起点地迅速切入液晶显示领域，并于同年9月建设国内首条依靠自主技术的液晶显示生产线——北京第5代TFT-LCD生产线。这结束了中国大陆的"无自主液晶显示屏时代"。

如今，京东方依托这条产线经过十多年的探索和研究，打造出的5代线、6代线、8.5代线乃至10.5代线都实现了量产。京东方用了短短十多年的时间，带领中国显示产业在全球实现了从跟跑、并跑到领跑的转变，解决了长期困扰我国电子信息产业"缺芯少屏"中"屏"的问题。

我在与京东方董事长陈炎顺交谈中了解到，京东方的创新发展与资本市场的巨大支持是密不可分的，因为建一条液晶显示屏生产线需要近百亿元的投入，那就要借助资本市场的力量。京东方向项目所在地政府增发股票，当地政府愿意支持，随着公司发展，股价上涨，政府在市场上逐渐退出，资本市场进入，这个过程非常之巧妙，综合利用了几方面的力量。

今天解决"芯"的问题，也得靠举国之力进行联合开发和集成创新。解决芯片国产化问题可能还需要一段时间，因为芯片研发中的半导体材料、理论构架、设计、制造等方面都非常复杂，要集成各种创新要素，单靠某一个企业可能做不了，需要企业之间、企业与高校之间等多方面的合作。2021

年,我去上海调研了国际领先的数据处理及互连芯片设计公司——澜起科技股份有限公司(简称澜起科技)。作为科创板首批上市公司,澜起科技成立于2004年,2019年7月登陆上海证券交易所,致力于为云计算和人工智能领域提供高性能、低功耗的芯片解决方案,目前公司拥有互连类芯片和津逮服务器平台两大产品线。澜起科技与上海交通大学共建了"集成电路设计前沿技术联合实验室",该实验室聚焦集成电路领域,重点围绕技术创新和人才培养两个方面开展合作,力争实现关键领域的技术突破,推动科创和产业的深度融合。

持续性创新

企业中大量的创新都属于持续性创新。据有关信息披露,多数企业家认为10年之后企业90%的产品会改变;但是统计数据显示,10年之后很多企业90%的销售收入还是依靠已有产品,只不过是更新换代后的产品。企业要立足于现有产业,深入挖掘创新潜力。天下没有不赚钱的行业,只有不赚钱的企业,关键是企业家要在行业和企业中寻求适合的创新点。

中国建材是全球水泥大王,我常问一个问题:"大家喜欢水泥吗?"很多人都笑了。可能大家不喜欢,其实我们每天生活在水泥钢筋的大楼里,但往往忽视了水泥的存在。人类制造铜有4000多年历史,制造铁有2500多年历史,制造水泥却不到200年历史。水泥是个好东西,如果没有水泥,城市建设和日常生活都是无法想象的。水泥虽传统但不落后,多年前我去拜访拉法基总裁乐峰先生,他当时问我:"你觉得未来50年有没有一种材料能代替水泥?"我想了想说:"没有。"他说:"我认为也没有。"也就是说,水泥这个产品在短期内不会被颠覆。中国90%的铁矿砂依靠进口,木材也大多依靠进口,而水泥的原料石灰石在中国的贮藏量有9万亿吨,中国人又有使用水泥的偏好,因此水泥在中国是一种性价比最好的胶凝材料。

这些年水泥一直在进行创新，从小立窑生产水泥到湿法水泥，再到现在的新型干法水泥，技术水平一直在进步。今天，水泥行业正通过技术创新加快转型，推进智能化、节能减排、技术提升，提高附加值，同时运用互联网思维，也在大力推广"水泥+"模式。水泥市场空间巨大，要着力开拓细分市场，提高盈利水平。

在中国建材创新的过程中，我提出赚"两头"的钱，一方面要善用资源，做好自然资源的保护和合理的开发利用；另一方面要做高科技新材料的研发。资源类材料有哪些呢？石灰石、骨料、砂石等材料都属于这一类，也可以称为"自然的科技"。在西方国家，很多大的水泥公司其实都是水泥、商混、骨料一体化经营，约30%的水泥供应自有商混企业，骨料则是水泥产量的2～3倍。中国建材是全球最大的水泥和商混制造商，下一步也要做大骨料规模。在运用高科技手段开发生产和利用自然资源的同时，要把"自然科技"与人类的科技结合好，通过资源利用的丰厚收益反哺和支持高科技新材料产业发展。

颠覆性创新

颠覆性创新在一个行业里大概15年左右发生一次，但并不是所有企业都能做成，这主要取决于企业的战略以及资金、人才、技术等资源条件。

企业在做好持续性创新的同时，也应积极尝试颠覆性创新。事实上，很多大的领先企业之所以会失败，就是因为对持续性创新比较坚持而对颠覆性创新不够敏感。乐凯、华录、彩虹等都是前车之鉴。以乐凯为例，它过去在保定做胶卷（感光材料），用的是传统的卤化银技术，当时数码技术还不发达，只有100万像素，数码相机像个小孩玩具，很多专家认为这个新的技术不可能颠覆传统的胶卷。结果，数码相机迅速地从200万像素发展到了2000万像素，到现在可能都有2亿像素了，胶卷就这样被颠覆了。

企业如果太注重现有客户和市场，对原有技术路径过于依赖，就会与颠覆性技术失之交臂。在不确定的环境下，如果还只是用过去熟悉的质量、价格、服务三要素来降低成本，不重视创新，企业就可能会衰败。全球著名战略学者迈克尔·波特等在《日本还有竞争力吗？》一书中指出，日式管理非常精细，但过分强调管理，而不重视创新，企业会因创新能力差而逐渐失去竞争力。当然，一些日本企业在经历了失去的20年后还是通过创新成功转型了，汽车和白色家电，过去这两大支柱产业中的许多企业都转型到新材料、半导体材料领域了。比如，日本东芝公司的业务从电器转到了水电、氢燃料电池等领域。现在全球十几个重要产业领域中，排在前三名的均有日本企业。整个东京地区的GDP就超过了8万亿元人民币，而且环境也非常好。

企业既要有持续性创新，又要关注颠覆性创新，如何既造"矛"又造"盾"呢？最好的办法是把进行颠覆性创新的部分独立出来，建立新部门，同原有业务分开，依靠原有业务部门搞颠覆性创新是很难的。因为颠覆性技术跟原来的技术逻辑截然不同。例如，电动汽车和汽油汽车都是四个轱辘，但揭开引擎盖来看，那是完全不同的构造。汽车已从一个机械产品变成了一个电子产品，过去汽油汽车里的发动机、变速箱等都是很有技术含量的，没有几十年的积累是造不好的；但是电动汽车的核心技术"电池、电机、电控"与汽油车的逻辑完全不同，技术上简化了2/3，甚至更多。

我2018年去丰田参观时，丰田当年实现营业收入1.85万亿元、利润1500多亿元，这些收入和利润几乎都来自汽油汽车。但是，丰田有一个明显改变，重心从制造向研发转移，研发人员在员工中的占比不断提高，研发中心有1万多人，其中新能源领域的将近2000人。丰田在2019年东京车展前夕陆续发布了采用GA-L后驱平台研发的新一代氢燃料电池车

Mirai 等。

国内的汽车企业也是如此，一汽、北汽、上汽、广汽等都日益重视新能源汽车的发展。2021年上海车展上，一汽的新红旗HEi2.0电动智能化底盘平台、高端纯电动轿车新红旗E-QM5等展品震撼亮相；北汽牵头建设了国家新能源汽车技术创新中心，通过与戴姆勒-奔驰、宁德时代等国内外多家企业建设联合实验室开展协同创新，又联合华为发布了新一代纯电汽车极狐阿尔法S，搭载华为HI智能解决方案和激光雷达；比亚迪则研发了刀片电池，以解决电池的不稳定和可能出现的事故，是比较有颠覆性的技术。

目前，电动汽车最重要的不是电池、电机和电控，而是款式设计和智能化技术。就如苹果手机做了智能手机一样，最重要的是引入了时尚化的设计和奢侈品销售的营销理念。现在，电动汽车又效仿当年手机的做法，将设计与时尚相结合，利用时尚产品的销售方法，实现了从卖产品到卖品牌的转变。

商业模式创新

每次工业革命的发生都源于重大的技术进步：第一次工业革命源于多锭纺织机、蒸汽机、生铁冶炼技术等；第二次工业革命源于发电机、电灯、内燃机等；第三次工业革命源于克隆技术、生命科学、航天科技、互联网、3D打印等技术创新；当前正在经历的第四次工业革命，源于物联网、人工智能等代表性技术。虽然创新和技术进步有关，但两者并不能画等号，因为创新不完全依赖技术，往往更多依赖创意和商业模式创新。

商业模式是什么？学术界给它下过很多定义。近年来随着商业模式研究和实践的深入，较为普遍的看法是，商业模式是一个组织创造、传递以及获得价值的基本原理；商业模式创新就是发现新的价值创造方式，为企业、客户、社会创造价值，从而淘汰旧的商业模式。环顾一下跨国公司，商业模式创新成就了很多企业。麦当劳、肯德基、家乐福等知名企业，都没有什么特别高的技术，从事的也不是高精尖领域，而是聚焦中低端技术，通过探索新的商业方法、商业组织等，创造了惊人的业绩。这些企业的成功就是商业模式的成功。

企业不是为创新而创新，而是为解决客户问题和为客户创造价值而创新，这是创新的根本理念。做企业要在商业模式上动脑筋，学会在价值链、价值网甚至价值圈层中思考问题，通过改变商业模式的构成要素或组合方式，用不同以往的方式提供全新的产品和服务，不断提高价值创造能力和盈利水平。

我国市场很大，任何一个产品或任何一个商业模式，一旦有市场都可能赚到钱。在企业创新方面，像芯片、生物医药、航天、新材料等高科技领域，任何一项创新都不容易突破，而做商业模式创新比做高科技的安全系数要高，难度也小。其实，无论淘宝、京东，还是滴滴出行，都是"平台+互联网"的商业模式创新。疫情期间，很多餐饮企业面临存货积压、变质损失，部分企业采取了向小区居民售卖、线上配送、慰问员工、转赠公益等形式，解决了部分存货占用资金的困难；大型超市把生意搬到了线上，成功打开了市场。这些都是商业模式创新的例子。

互联网带给企业的影响，不只是技术本身的应用，更重要的是它改变了人们的思维方式。互联网思维的最大好处是，想问题不拘泥于某一点，而要发散思考，发挥特定业务或技术在生产要素配置中的优化和集成作用，增加服务空间，不断创造新的商机，也就是我们常说的"互联网+"。

"+"的模式。实质上是跨界、融合、开放，也就是依托一个优势业务或创新要素，开展跨界经营，把过去的孤岛式创新连接起来，推动企业生产模式和组织方式变革，增强企业创新能力和创造活力。这对商业模式创新很有启发。企业如果真正理解了"+"的模式，可能生意就做活了。做企业的人都想盈利，有了一个业务，就想接着再做第二个、第三个。其实，企业可以先看看已有业务能不能"+"一下，如果能"+"出东西来，那就会投资少、获利多。这里我举几个例子：

"书店+"模式。我去西宁参加活动时，看到一个几何书店。这个书店有一万平方米，里面除了卖书，还有喝咖啡、喝茶以及儿童玩耍、做手工的空间。大人带着孩子一起来看书、玩耍，能打发一天的时光。书店老板跟我说，其实这些书赚不到什么钱，现在年轻人都拿着手机一拍，一查在网上买更便宜就线上下单了，但是来的顾客不论买不买书，基本都要喝一瓶矿泉水，这瓶矿泉水就能赚不少钱。

"医院+"模式。我在国药工作时，推动国药在河南收购了一家医院，有5000张病床。这家医院的医药不怎么赚钱，因为药价在往下压，赚钱的是医院的各种供应品。5000张病床，再加上家属，生活用品的需求量非常大，仅这一块一年就能赚很可观的利润。

"水泥+"模式。水泥行业进入平台期后，需求量会逐渐下行，那么这个行业要如何盈利呢？这些年来，中国建材探索了很多路子，包括联合重组、市场竞合、技术革新等，总之，都是围绕水泥本身想办法，那还有没有其他盈利方式呢？尽管中国建材过去也做水泥相关的业务和产品，但是并没有把它当成一种商业模式去运营，只是既做这个也做那个；现在把"+"的思维移植到水泥行业里，视野一下子打开了，我们发现原来只赚水泥这点钱是一种笨做法，即使水泥的潜力还没有挖掘完，也要做另外的更赚钱的"水泥+"业务。

"水泥+"不仅仅是"+商混""+骨料""+制品"，还包含"+焚烧垃圾""+焚烧危废""+焚烧污染土"等模式。中国建材运用"+"思维，确立了"做强水泥、做优商混、做大骨料、做好综合利用"的一体化经营思路，即紧密围绕水泥主业，做好产业链延伸，探索发展商混、骨料、砂石等业务，推进水泥窑协同处理城市垃圾、危险废弃物、污泥、受污染土壤等资源综合利用项目。通过这一模式，中国建材既提高了水泥业务的经营能力，拓展了盈利空间，又提高了对资源开发和创新路径的认识，这些都是难得的收获。

中国建材在山东省青州市有一个中等规模的水泥厂，这个厂有两条水泥生产线，占地700亩，2016年税后利润几千万元。厂长是一名小伙子，我问他2018年赚了多少钱，他说有成倍的增长。我接着问他做了什么，怎么有这么好的业绩，他说做水泥本身效益就不错，又在水泥的基础上开展了"水泥+商混+骨料+机制砂+干拌砂浆+固废处理"的全产业链经营，打造出了产业一体化的"青州模式"。"+"出来的这些产品收获了超预期的利润，相信总利润很快还会有大幅提高。这也是一种商业模式创新。

"玻璃+"模式。 前些年建筑玻璃几乎都不赚钱，中国建材现在做光伏玻璃、电子玻璃、铜铟镓硒薄膜太阳能、碲化镉发电玻璃等，后来又大力发展智慧农业。2015年中国建材开始通过凯盛浩丰农业有限公司（简称凯盛浩丰）发展智慧玻璃温室业务，把现代农业与光伏产业结合起来，在德州规划建设8个7公顷的国际最先进的玻璃连栋温室，总投资约11亿元，第一期7公顷已经投入运营，引入荷兰的玻璃大棚技术，玻璃大棚高约7米，采用获得国家科技进步奖的高透无影玻璃，透光性好，还能全方位智能控制种植条件，同时做了薄膜光伏发电和绿色创意小镇及农业休闲旅游开发。农业园的番茄产品畅销京津冀市场。这种模式正在全国各地迅速推广。

凯盛浩丰董事长马铁民是从西北农林科技大学毕业的，刚开始在一家外资农业企业工作，后来自己创业做农业，是位著名的青年企业家，还当选了全国青联副主席。他是在2016年和凯盛集团重组成立凯盛浩丰时加入中国建材的，是一位集专家、管理者和大推销员于一身的企业家，把凯盛浩丰发展得有声有色的。

讲到"玻璃+"，我们已经进入 5G 时代，但 5G 信号传输穿过混凝土会受到一定影响，可以通过房屋的玻璃发射 Wi-Fi，也不会影响玻璃透明。另外，将来道路上行驶的智能车、无人驾驶汽车的挡风玻璃和后面玻璃上全是电子元件，而且是透明的，可以作为显示屏使用，会标出车辆行驶的速度，也会回答各种问题，车里不用另外安装显示屏。这些都属于"玻璃+"，光看这块玻璃，肯定赚不到多少钱，但是把它的功能无限扩大之后价值就提升了，这也是互联网思维。

小米公司用互联网模式做实体经济，提出了"铁人三项"的商业模式——硬件+互联网+新零售：

- 做硬件同时做电商，最大限度地提升运营效率，紧贴成本定价。
- 互联网服务则提升用户体验，同时变现手机和电商带来的流量，贡献主要利润，实现业务良性循环。

一般的智能手机都强调产品的设计唯美、功能至上，而小米公司则更加倡导"让用户参与、让用户爽"，这是用户参与的开放创新的一个重要体现。这形成了极具特色的小米公司粉丝文化，而众多小米公司粉丝群，也就是"米粉"们成为小米手机用户的代言人，他们不断地为产品的创新和改进提供意见。以客户为中心，打造客户超凡的体验，并通过多种互联网营销手段聚集人气与客户互动是小米公司开放创新的最大特点。

除了手机外，小米公司经营的产品还包括智能手环、音箱、充电板等。小米公司做的是"互联网+制造"，植根制造业，坚持用互联网赋能制造业，做"制造的制造"。小米公司有永不更改的三大铁律：技术为本、性价比为纲、做最酷的产品。正是在这样的铁律驱动下，小米公司仅用 9 年时间就入选《财富》世界 500 强企业行列。制造业其实有四点很重要：一是要能造出来，二是要有规模地造，三是合格率要高，四是成本要低。

企业创新的关键在于创新体系建设

企业创新的关键在于建立起一套创新体系。中国建材的创新模式有自身特色，覆盖了研发、设计等环节，涉及新能源、新材料等产业创新，是个比较大的综合体系。

第一，构建科研平台。2005 年 2 月，中国建材集团与同为央企的中国建材院实施战略重组，之后整合集团原有的 12 家科研院所，组建成立中国建材总院，形成行业内规模最大、技术水平最高、最具权威性的科研开发和工程服务机构。以往，科研院所转制要么直接进企业，要么转成企业独自下海。而中国建材集团与中国建材院的重组模式，既发挥了转制院所的科技优势，又增强了企业的自主创新能力，真正实现了产业与科研两大要素的结合。集团有了雄厚的科研实力，总院有了强大的实业支撑，产业科研"两张皮"的问题得到了很好的解决。这一重组被称为科研院所转制的"第三种模式"。

在完成重组后，我们把建设科技创新平台作为重中之重，提出以总院为基础建设六大平台的定位，即国家级建材与新材料重大科学技术的研发平台，建材行业共性、关键性、前瞻性技术的研发和服务平台，建材与新材料高科技成果的产业化平台，中国建材集团所属企业技术创新的支撑平台，建材行业高素质科技人才开发和培养的平台，国际建材与新材料学术和技术的交流平台。之所以如此定位，是因为我们认为作为国家级的建材研究院，首先要承担国家的重大科研项目，其次要为行业服务，最后才是企业的服务平台。

后来，我又结合中国建材的实践，提出技术创新应更加关注高端化、产业化、集成化、相关化。

一是坚持高端化。按照"面向世界科技前沿、面向经济主战场、面向国家重大需求"的要求，加大研发和标准引领力度，构建具有国际竞争力的技术创新体系，推动技术和产品的高端化，在战略必争领域形成独特优势。

二是加快产业化。创新要确保产品能量产、能结合市场出效益、能与资本市场对接。如果新产品做不到量产，无法转化为现实生产力，企业就很难有效益，更谈不上持续发展，在资本市场上也就没有影响力。

三是突出集成化。我们要善于把别人的要素和自己的专长结合起来，或者把一些看似不相关的技术移植过来，进行开放式的、平台式的创新。

四是注重相关化。创新要紧紧围绕企业战略和企业实际，解决企业和行业生产工艺、环保等问题，同时基于强大的核心技术和创新能力，技术研发要围绕优势产业，顺着产业链进行延伸升级，规避创新风险。比如，中国建材大力发展智慧农业、光伏产业就是玻璃产业链的延伸。

上级领导曾说："中国建材院进入中国建材集团，使中国建材集团发展成为国际一流企业成为可能。"中国建材集团这些年的快速发展，恰恰印证了领导的话。现在，我们有26家国家级的科研院所，有17个国家级企业技术中心，有8个国家级工程中心，有大量高水平的专家、科研人员和工程技术人员。这是我们重要的科技创新平台，也是我们的创新支撑。

第二，打造创新平台。在以总院为核心的科研平台支持下，我们打造了凯盛科技、中复连众等多个新材料创新平台。

以凯盛科技为例，2014年12月，中国建材以原有的平板玻璃平台为基础，以蚌埠院为核心组建了凯盛科技。自成立至今，凯盛科技不断自我调整，通过优化资源、整合并购，发展成为拥有"玻璃、新能源、材料、装备、工程及中央应用研究院"六大板块的新兴产业科技创新平台。尤其是凯盛玻璃国家重点实验室，这么多年为浮法玻璃、电子玻璃、光伏玻璃、药用玻璃的研究开发提供了强大的技术支持。作为一家由科研院所成长起来的企业，科技创新是它的优势也是安身立命之本；而凯盛科技的可贵之处是，除了技术提升外，近些年来，它在市场拓展方面也表现突出。比如整合优势资源，跨界现代农业，延伸产业链涉足新能源，推进铜铟镓硒、碲化镉发电玻璃的全球布局。

凯盛集团董事长彭寿是中国工程院院士，也是中国建材的总工程师，是位科学家型的企业家，既懂科研技术，也懂企业管理，不仅技术好，企业做得也好。他是中国浮法玻璃工程科技领域的领军人物和光电玻璃工程的开拓者之一，多年来一直引导着中国建材玻璃的创新，带领团队实现了我国光伏玻璃技术和产业从无到有，开发出世界最薄的 0.12 毫米超薄触控玻璃、国内首片 0.2 毫米超薄 TFT 液晶玻璃、5.0 中性硼硅药用玻璃、薄膜太阳能电池等，打破国外垄断，保障了国家光电信息产业安全。在他的带领下，凯盛集团实现了快速稳步转型，成为行业领军者。

第三，推进全面创新。全面创新是企业的全组织、全过程、全产业链、全技术活动的综合创新。中国建材集团除了拥有中国建材研究总院这样的研发平台和凯盛集团这样的创新平台之外，旗下的北新建材、中国巨石、洛阳玻璃等一大批企业均设有国家级技术中心，形成三个层级互相融合的企业全面创新体系。在创新模式上，不同的企业平台，可以根据各自能力和需要，开展各种不同模式的创新，通过全面创新来提升水泥、玻璃等产业的效益，打造新材料平台，加强成套装备的国际化。

中国建材旗下都是专业化的产业平台，按照业务归核化的思路，我们加快结构调整和转型升级，形成水泥、新材料、工程技术服务"三足鼎立"的业务格局。从水泥业务来看，这是中国建材效益的主要来源。水泥是个好东西，市场空间巨大，日常生活和基本建设都离不开，如果没有水泥，很难想象我们的世界会变成什么样子。在水泥领域，中国建材这些年主要是大力推进了持续性创新。

在水泥产业之外，中国建材近年来大力培育新兴产业发展，新材料业务异军突起，逐渐占到集团利润总额的 1/3。进入高质量发展阶段，碳纤维、玻璃纤维、风机叶片、锂电池隔膜等新材料产业潜力巨大，盈利能力不断提高，在全球市场竞争中占据制高点。在新材料领域，中国建材主要采用了自主创新和集成创新的方式。

在工程服务领域，经过长期海外深耕，中国建材的大型水泥和玻璃装备全球市场占有率达 65%，未来将从全球最大的建材制造商、单一的水泥玻璃总承包工程商向世界一流的综合性工程服务商迈进。在工程服务领域，中国建材主要采用了持续性创新和集成创新的方式。

资本是创新的杠杆

上市公司是我国经济的压舱石

30 年来，我国资本市场发展取得了巨大成绩。截至 2021 年底，我国上市公司总数约 4700 家，涵盖了国民经济的 90 个大行业，是各个行业里的优秀代表，创造的销售收入总和占我国 GDP 的 56%，总市值超过 90 万亿元，规模位居全球第二。

我国上市公司不仅数量多、体量大，更为我国经济发展做出了巨大贡献。1990～2021 年，A 股上市公司募集资金总额为 17 万亿元；同期，A 股上市公司现金分红总额为 9 万亿元。近三年派现金额更是连续突破万亿元。2021 年共有 520 多家公司 IPO 上市，募集资金 5400 多亿元。2021 年前三季度，有近九成的上市公司实现盈利，超过六成的上市公司净利润同比增长，三成的上市公司净利润同比增幅超过 50%。研发投入的持续加大为企业自身和国家经济的高质量发展提供了重要支持。不论是规模还是经济效益，上市公司都是我国经济的压舱石。

回过头来看，我国资本市场都发挥了哪些作用呢？

一是支持了国企的改革和发展。前面讲到北新建材、中国建材和国药控股上市，通过上市、引进战略投资者、间接融资等资本运营方式，为联合重组提供了资金保障，有力地支撑了企业的超常规发展，也使企业实现了公众化和规范治理。拿了资本市场的钱，就像按下了一个开关，企业必须遵循市场的内在逻辑和规律做事，满足资本市场和股东的要求，使企业成为运作公开透明、管理科学规范的经济实体，并与其他所有制企业深度融合。对国企来说，这是一场深刻的自我蜕变。如果没有上市，国企改革不会有今天这样的成果。

2013年我在成都参加财富全球论坛，有一个论坛主题叫"国企和私企"，主持人是《未来的亚洲》《失衡：美国与中国的相互依存》两本书的作者、美国耶鲁大学资深教授斯蒂芬·罗奇。他当时问我："怎么解释国有企业是市场充分竞争中的一员，以及国企今天的竞争力是不是得益于20年前进行的国企上市？"对这两个问题，我回答说："罗奇先生，您的问题就是答案，中国今天的国企不是西方想象中的国企，也不是计划经济时代的国企，而是经过市场化改革的国企，是经过上市化改造的国企，是混合所有制后的国企。"今天国企这么强大的竞争力，究竟是什么原因呢？那就是改革和创新，尤其是资本市场推动的这场改革。

二是支持了民企的快速成长和发展。我国上市公司里，民企的数量约占63%，2021年，民企的IPO公司数量占总数的83%左右。在与一些上市公司负责人交流时，有人讲到当年的创业经历，几个合伙人创造了几个亿，而从几个亿到几十亿、几百亿的过程必须要有资本支持。通过上市等方式，借助资本市场的力量更有利于企业发展壮大。当然，也有企业负责人会问：

"为什么要上市?"我的想法是上了市等于天上飞,不上市等于地上跑,企业发展的速度和看到的风光都不一样。

2021年8月24日,在创业板改革并试点注册制一周年之际,成都雷电微力科技股份有限公司(简称雷电微力)在深交所创业板成功挂牌上市,募集资金14.67亿元。我受邀出席了上市敲钟仪式和上市答谢会。在答谢会的致辞中,我谈到上市只是万里长征走完了第一步,以后的路更长,任务更重,要把资本市场和创新紧紧结合起来,齐头并进。

三是支持了企业的创新和转型。创新与什么有关?有人说制度和政策很重要,高新开发区等是推动创新的因素;也有人说文化很重要,要有现代化的价值观;经过观察和研究,我认为创新既和制度有关,也和文化有关,但是支持大规模创新的恰恰是资本市场。资本是创新的工具,资本是创新的引擎,资本是创新的动力。

创新需要资本运作。特别是技术创新,早期都是高投入的,若没有风险投资或资本市场的支持,一般企业是难以为继的。资本市场是创新的肥沃土壤,创新本身又带动资本市场的成长,两者相辅相成。熊彼特在《经济发展理论》一书中提出了非常著名的观点:"资本的职能是为企业家进行创新提供必要的支付手段。"资本是创新的杠杆,再优秀的企业若没有资本的支持,也做不成事。谷歌、微软、Facebook、特斯拉等美国科技巨头,都是通过纳斯达克等资本市场的培育发展壮大的。同样,腾讯、百度等也都是通过资本市场支持而发展起来的。

这些年来科创板、创业板的创立,为大量的科技企业提供了宝贵的创业资金,资本市场真正成为我国科技进步、创新发展的土壤。2019年7月22日,科创板挂牌,从最初的20多家到2021年底的377家,取得了很好的业绩。IPO累计融资超5000亿元,超过同期A股IPO融资总额的四成,有力地支持了我们的创新。

除了科创板、创业板，资本市场也在深化新三板改革、大力支持中小企业，典型的例子就是北交所的设立。北交所聚焦"专精特新"，服务于优秀创新型中小企业，为中小企业高质量发展提供了更多的机会、更大的空间和更强的活力。资本创新迈一小步，企业就会迈一大步。

中国的硅谷

深圳是我国创新创业最活跃的城市，被称为"中国的硅谷"。这也得益于深交所，以及深圳创新创业和资本市场的高度融合。关于深圳，有个有趣的说法：深圳的特产既不是荔枝（东莞的荔枝比深圳的好），也不是海鲜（香港的海鲜比深圳的好），而是企业家，因为深圳家家创业，人人创新，变成了创新的城市、创新的高地。以前，我多次到深圳，通常都是从一个"正立看"的角度了解它。2020年春节开始，我在深圳深入了解一些创业家庭，跟深圳的一些创业者有了更多的接触和交流，可以说是从"倒立看"的视角重新来看这座城市，这让我感受到了和之前不太一样的深圳。在这片土地上，那种民间创新创业的热情，让我感到震撼。在我住的一户家庭里，从上一辈的兄弟几个创业，到现在二代的几个孩子也出来创业，可以说是人人都在创业。后来，深圳牡丹荟邀请我参加座谈，牡丹荟里有上千名女企业家，每个人当年都是一路艰苦打拼过来的。

这让我想起大学毕业时读过的一本书，它主要讲的是美国西部当年为什么会出现那么多的创业英雄——企业家。当时去美国西部开发的都是牛仔，一起去的还有许多充满牺牲精神和独立精神的女孩。后来，牛仔和这些女孩结了婚，他们的下一代就有了创业基因，这些女孩都变成了英雄的母亲。

这和深圳有点像。据了解，深圳早些年60%的人口都是来自外地的农村，他们来到深圳辛苦打拼后留了下来。现在，创新创业已经成为深圳的主流意识，一代又一代的深圳人传承着上一代的创新创业基因，发扬企业家精神，借力深交所等资本市场的力量，做强做大了一批优秀的科技企业。

我特地到粤海街道办事处调研，当时在这个街道的辖区里有96家上市公司。整个街道办事处在编人员才80多人，其中真正负责企业服务的在编人员只有4个人。在和几家上市公司高管进行座谈的过程中，我就有一种非常强烈的感受，深圳的政府部门更多扮演的是服务的角色，企业通常感觉不到它们的存在，但是当需要的时候它们会马上出现，即"无事不扰，有事服务"。这就是深圳的环境与土壤，也是深圳创新活力的源泉。

与之形成较大反差的是，我到一些省份调研，有领导跟我说："第一，缺技术；第二，缺资金。"其实，这些省份首先缺的是创新创业的文化和环境而不是技术，其次缺的是资本而不是资金。很多人把资金和资本混淆了，资金可以通过贷款获得，但是贷款要付较高的利息，所以企业通常缺的是资本，而不是资金。不靠资本市场而靠借钱发展，利息那么高，企业的很多利润都会被财务费用吃掉。

企业要充分利用合适的融资工具

党的十九届五中全会提出，"十四五"期间资本市场的发展有三件事情非常重要：

第一，全面实行股票发行注册制。2021年中央经济工作会议上又专门提出了全面实行股票发行注册制。

第二，建立常态化退市机制。4700家A股上市公司其实也不少了，有专家说要做到1万家，若能实现则更好。我2019年5月上任中国上市公司协会会长时，A股上市公司只有3400家，一转眼就有4700家。仅2021年，就有500多家新的上市公司，募集5000多亿元资金。也就是说，这几年其实上市速度加快了，北交所一设立，中小企业要上市，这个速度更要加快。依此节奏，预计 2022 年上市公司数量将突破 5000 家，距离超过 4000 家整数关口可能不到 2 年。此前四个 1000 家新增分别用时 10 年、10 年、6 年和 4 年。

但是同时也要看到，不能只进不出。我们有些已不符合标准的上市公司不愿意退，因为上市不容易。可不吐故纳新怎么行？"流水不腐，户枢不蠹"，必须要流动起来。

第三，提高直接融资比重。这是"十四五"规划的一个重要任务。直接融资就是可以通过企业间融资，通过私募基金融资，通过上市直接投到企业里去，形成多层次的资本市场，分享企业发展的红利。间接融资就是通过银行，钱存在银行，银行再借给企业。我们国家是储蓄大国，统计数据显示，截至 2021 年底存款总额超过 200 万亿元，而中国直接融资的比例仅为 12% 左右，与直接融资占主导的有些国家相比仍有待提升。

对比中国和美国的世界 500 强企业会发现，如果看净利润，我们的公司比美国的公司还有差距，可如果看息税前利润，我国的公司做得还是不错的。现在融资难、融资贵，也是因为千军万马都上了一根独木桥，都要跑银行融资。这不仅推高了企业的融资成本、财务成本，同时给银行也带来了风险。所以，企业要特别强调拥抱多层次的资本市场，加大直接融资力度。如果能把直接融资和间接融资的比例调过来，企业的财务成本就会大大降低。

企业直接融资大致分为三种：

一是通过企业间相互持股、参股的方式进行融资，像浙江、江苏一带，这些企业挺多，企业自己算出估值，大家同意就可以投资。

二是通过私募基金，截至 2021 年 12 月末，我们国家这一块的资金有近 20 万亿元人民币，而美国这一块的资金规模超 100 万亿元人民币。以独角兽企业为例，它们是非上市的、依靠私募股权资金支持快速发展的科技公司。《胡润百富》每年有一个全球独角兽排行榜，是按照成立 10 年内、估值超过 10 亿美元的标准来评选的。2021 年全球有 1058 家独角兽企业，比 2020 年增加 472 家。美国 487 家，比 2020 年增加 254 家；中国 301 家，比 2020 年增加 74 家。美国和中国约占全球独角兽总数的 74%。这说明，全世界在创新和资本这一块最敏感、最集中的，是中美两国。

中国的 301 家独角兽企业中，在北京、上海、深圳和杭州的占到 72%。这几个城市是资本和创新非常密集的地方，其中北京是首都，有很多高校、研究所和银行总部，上海和深圳都有交易所，杭州是因为它的民间资本比较丰厚，投资意识也很强。我去过杭州的基金小镇，就这一个小镇，居然有四五百家基金公司，以这样的规模去投资企业，就会比较容易支持企业的发展。这些企业先经过基金培育，培育以后再去上市，基金退出的同时也有了高额的回报，对投资机构和企业来说是双赢的。

三是通过二级市场上市。不同的地区上市公司情况差异较大。广东一个省有 700 多家上市公司，仅深圳就有约 400 家上市公司。所以，我们必须要大力发展直接融资，一个城市里上市公司多，私募基金多，这个地方的企业就发展得快，经济就发展得好，这必然是有道理的。

在直接融资方面，个人投资者购买股票，这是一种方法，但最重要的可能还是要大力发展机构投资者。中国现在有 2 亿投资者，但绝大多数都是散户，机构投资者只有 40 多万。现在，我们也在把散户的资金向机构投资者归集，因为投资不是一件容易的事。无论是在我国香港还是在欧美国家，老百姓的钱实际上主要是放在机构里的，由机构专业理财人员来进行投资决策，从而降低散户购买股票的风险。

近年来，资本市场通过改革一步步强化了为企业，特别是中小企业提供融资的平台，形成层层递进的企业成长路径和良好的多层次市场发展生态，可以为我国不同阶段、不同规模企业提供支持，满足企业的融资需求。企业要充分利用并选择适合自己的各种融资工具。

第11章

市场细分化

新一代信息技术的蓬勃发展,驱动社会生产方式、生活方式和治理方式的加速变革。把握新发展阶段,贯彻新发展理念,构建新发展格局,推动"十四五"时期高质量发展,需要每个企业都能做好自己的事,加快创新转型升级步伐,全面提升核心竞争力。其实,没有落后的产业,只有落后的技术和落后的企业。对大多数企业来讲,应该是转型而不是转行。在一个竞争激烈的行业,通过市场细分、开发新产品,也会产生效益逆势上扬的企业。

业务发展的三条曲线

在智能手机时代到来之际,诺基亚曾因错误的选择而濒临破产,在短短的四年时间里,它损失了超过90%的价值,收入呈自由落体状态下降。当然,诺基亚最终并未破产,它在现任董事长李思拓的带领下,从一家每况愈下的手机公司,转型成为一家成功的通信网络基础设施公司,得以重生。

富士胶片公司在 2000 年销售收入达到巅峰，它用了 40 年时间追赶柯达，却在超过柯达时又逢数码相机问世，每年业务下降 30%，面临着不得不转型的境遇。现在，富士胶片已经转型成功，时任 CEO 古森重隆是日本继稻盛和夫之后的又一个奇迹。

自 2006 年以来，中国建材一直坚持的战略是：大力推进水泥和玻璃产业的结构调整、联合重组和节能减排，大力发展新型建材、新型房屋和新能源材料。通过践行"两个大力"，中国建材加快结构调整与转型升级，实现了超常规发展。2016 年年初，受到查尔斯·汉迪"第二曲线理论"的启发，我们对中国建材原有战略做了调整。结合中国建材实际，我将产业升级的路径概括为传统业务的结构调整和技术进步、发展新技术和新产业、发展新业态的"三条曲线"，并对中国建材的产业单元做了相应划分，制定了各自不同的发展策略。

- **第一条曲线**是现有产业的转型升级，即做好水泥、玻璃等基础建材的结构调整，大力推进供给侧结构性改革，不断提质增效。
- **第二条曲线**是发展新技术和新产业，即大力发展新型建材、新能源材料、新型房屋等"三新"产业，用集成创新模式打造新的利润支撑点。
- **第三条曲线**是发展新业态，即积极探索服务业，不断培育新的经济增长点。

按照三条曲线的布局，中国建材构建起水泥、新材料、工程技术服务"三足鼎立"的业务格局，形成了一大批新技术、新成果和新模式，为产业升级提供了强劲的支撑和强大的动能，引领了行业科技进步和创新发展。三条曲线的划分，让中国建材各企业都处在某一曲线的发展范畴，清楚各自的转型升级任务，创新的目标和路线也很清爽，避免打乱仗。

重视市场细分

通过大量的案例研究，马修·奥尔森、德里克·范·贝弗在《为什么雪球滚不大》一书中给出了他们的研究发现：大公司发展到一定程度后，增长往往会陷入停滞，一旦成长止步就会衰败，所以做企业应考虑如何稳定增长。企业增长停滞的一个重要原因就是早早放弃了核心业务，没有充分挖掘核心业务的增长潜力，也没能调整商业模式以适应新的竞争需求。事实证明，即便在整个行业市场不太景气的情况下，企业也能通过聚焦所处行业中的细分市场而获得较大的增长，轻易离开一个增长乏力但市场空间巨大的行业是不明智的。

转型不是转产、转行，而是立足于本行业，在对现有业务精耕细作的基础上，持续提质增效升级，用新技术、新商业模式改造传统行业。现在，我国不少行业面临产能过剩的压力。过剩行业中的企业该怎么做呢？有些企业希望转行，但转行也是不容易的，企业贸然转行进入一个完全不熟悉的行业，风险很大。沃尔沃公司曾认为全球汽车业的增长率无法满足自己的发展雄心，因此，利用当时充裕的现金储备拓展到石油勘探、食品制造、生物科技和休闲用品等与汽车行业毫不相关的业务领域。结果，公司偏离了汽车这一核心业务，而后花了十余年的时间来剥离这些无关业务。沃尔沃的汽车业务也受到严重影响，竞争不过丰田、奔驰等汽车公司，经营业绩每况愈下，后来，先是被福特汽车公司收购，后又被吉利公司收购，现在做得还不错。而丰田汽车一直坚守汽车业务，如今是世界上最赚钱的汽车公司之一。因此，企业不要简单地离开一个行业而到另一个行业，那里可能竞争更激烈。

没有落后的产业，只有落后的技术和落后的企业。其实，哪个行业都有做得非常好的企业，也有做到破产的企业，这就是问题本身。比如水泥、钢铁等传统制造行业，都有先进的技术和先进的企业。现在看来，过去的小立窑水泥、湿法水泥等生产线是落后的，而新型干法水泥、智能化水泥等生产线是先进的。

企业在一个相对成熟、竞争激烈的行业里，到底该怎么做呢？比如，我国水泥行业一年有20多亿吨的产量，一方面是有很大的市场空间，另一方面是水泥产能过剩，那么水泥企业还能不能做，是干脆退出，还是竞争到底？这也是我们今天经常讨论的问题。在经济下行的情况下，过剩行业中企业的应对策略是什么？可能不宜立刻从本行业撤离，企业通过持续的技术创新和市场细分，创造新的竞争优势，照样可以实现效益的逆势上扬。讲到市场细分，企业不妨结合不同视角做出不懈的努力。

地理区域细分

企业要在行业市场上处于领导地位，就需要做好市场细分，规划好区域市场。比如，中国建材在全国销售4亿多吨水泥，约占全国市场的20%。这不是靠全方位、包打天下地占领整个水泥市场，而是采用了"三分天下"的特色做法。所谓"三分天下"，就是通过明确水泥的区域化发展战略，形成大企业主导各自战略市场区域的格局。水泥受到有效运输距离的限制，运输半径通常为250公里左右，是典型的"短腿"、非贸易型产品，因此企业需要在一定的地理区域内分销，按区域成片布局，形成一定的市场话语权。按照"三分天下"的原则，中国建材构建起淮海、东南、北方、西南等核心战略区域；华中、安徽、北京等地的水泥业务则是由行业中的其他兄弟企业经营。

除规划好大的区域之外，企业还需要在区域市场内进一步聚焦。中国建材的做法是围绕地级市建立核心利润区。国内水泥企业的竞争力主要来自自身的市场占有率和议价能力，因此，只有进行更加精准的市场细分，将战略区域从省一级划分到市县级，才有可能用最少的资源获得最大的利润回报。这些年，中国建材在核心战略区域组建了几十个核心利润区，形成了更强的市场竞争力，集团水泥业务的利润大都来自这些核心利润区。

在开拓全球市场的过程中，中国建材的水泥国际工程业务也遇到过类似的问题。集团原有十几家涉及工程服务的企业，这些企业在全球各地（包括在中东、非洲等条件非常艰苦的地方）建设了一大批世界一流的水泥工程。中国建材的干部和员工不畏艰难，在当地建设了先进的水泥生产线，提供了一流的水泥装备，这真的不容易。但过去由于业务同质化，企业之间经常打乱仗、大量内耗，导致价格降低、收益受损。两材重组后，集团组织召开国际工程业务专题工作会，成立协调工作组，明确精耕市场、精准服务、精化技术、精细管理的要求，提出减少家数、划分市场、集中协调、适当补偿、加快转型的思路，确定统一经营理念、统一竞合、统一对标体系、统一协调机构的"四统一"原则。针对"一带一路"建设，中国建材加大资源整合力度，采用"切西瓜"模式，在全球划出东南非洲、中东欧、中东、中亚、南亚、东南亚、南美洲七个重点区域，明确每家工程公司的市场区域，形成各自精耕细作的根据地。这种"切西瓜"模式可以避免相互杀价，化解竞争冲突，使企业更专注市场和坚守长期主义，占领一个市场就要深耕那片市场。

品牌定位细分

在品牌定位上进行细分，有助于企业占据更多市场。比如，北新建材的石膏板业务中有两个品牌比较知名，分别是龙牌石膏和泰山石膏。泰山石膏曾是一家独立的公司，后来与北新建材进行了联合重组，成为北新建材的全资子公司。北新建材采用的是双品牌战略，龙牌石膏和泰山石膏有所不同，龙牌石膏定位高端，主要服务于一些高端用户，比如城市里的重点工程，与国外的品牌竞争；而泰山石膏定位中高端，价格相对便宜，主要服务于广大城镇市场用户，与行业内的其他中小企业竞争。泰山石膏的价格虽然比龙牌石膏的低，但产量和销量都很大，企业效益一直不错。

产品品种细分

企业做产品就像厨师做菜肴一样，好的大厨不仅能让人吃饱，还能让人吃好，给顾客留下深刻印象。做产品也是这样，要从满足顾客需要、提升体验出发，把产品做出花样来，不断提高顾客满意度。

大家常说法国的面包好吃，但法国的面粉有100多种。同样，日本的特种水泥有100多种，每种水泥的用途都不一样，产品附加值自然也会不一样。中国建材开发了道路、油井、核电、水工等近70种特种水泥，满足了国防、石油、水电、冶金、化工、建筑、机械、交通等行业工程建设的需要。此外，中国建材还推出用清水混凝土做的厂房设施和水泥产品，让水泥成为美观时尚的艺术品。北新建材做石膏板，开发出了净醛石膏板、相变石膏板、万能石膏板等，不仅赢得了市场，还取得了很好的经济效益。

海天酱油也是如此，海天味业建有规模超大、面积超60万平方米的玻璃晒池和发酵大罐，专门用于高品质酱油的阳光酿晒。它做出了100多种酱油，味道和用途各不相同。北方人家里用的酱油经常就一种，而南方人家里用的酱油一般有好多种，如炒菜用的、做海鲜用的、拌饭用的、小孩子用的、老人用的等，分得很细。企业为什么要细分这么多的产品品种呢？因为这样的细分会有更好的效益。

随着市场和产品技术的发展，同一行业每个细分领域之间的技术差别越来越大。以做玻璃为例，建筑玻璃、汽车玻璃、电子玻璃、光伏玻璃同属玻璃行业，但每个细分领域之间也是隔行如隔山，企业能成为某个行业细分领域的头部企业已经很好了，同时在一个行业的几个细分领域里都占头部的企业少之又少。比如，福耀玻璃做汽车玻璃，蓝思科技做手机玻璃，都做成了细分领域里的头部企业。

福耀玻璃过去的业务涉及小型超市、加油站、房地产、玻璃等，玻璃业务又细分成建筑玻璃和汽车玻璃，后来曹德旺董事长听取专家的建议把超市、加油站等都卖掉，只做汽车玻璃。今天，福耀玻璃在汽车玻璃业务上全球市场占有率超过30%，中国市场占有率超过60%，成为一家绩优的上市公司。

最初，蓝思科技做的是手表的表蒙子。三氧化二铝如果形成透明的晶体，就是蓝宝石，切成一片一片，耐磨，很适合做表蒙子。蓝思科技董事长周群飞白手起家，坚持学习，坚持创新，亲自设计了很多设备，用玻璃加工出了琳琅满目的产品，非常了不起。现在，蓝思科技专注全球中高端电子消费产品电子玻璃零部件、汽车电子外观及功能电子玻璃组件制造领域，经过近 20 年的持续创新和发展，奠定了自身在行业的领先地位。

特殊客户细分

聚焦特殊客户也是市场细分的一种方式。在产品方面，国显科技围绕主业形成核心业务，洞察市场需求，由专注于手机、平板等传统应用领域，逐步扩展到笔记本、万物互联等新兴领域，聚焦产品线，将各领域产品做到"宽一米，深一千米"，持续保持在行业的领先地位，市场占有率逐年提升。经过近几年的发展，国显科技的平板显示领域全球市场占有率由 2018 年的 6.9% 增至现在的 15%。国显科技坚持大客户战略，与国内外大客户形成战略合作，主要合作客户由 2018 年的 100 余家精减至现在的 30 家，占自身全年总销售额的 90% 以上，实现聚焦大客户、聚焦产品线，提高服务质量，得到客户的深度支持，实现业绩增长。

欧木兰是国显科技的负责人，是在深圳这片热土上成长起来的女企业家，她是 2015 年凯盛集团重组国显科技时加入中国建材的，是中国建材的一位巾帼英雄，既懂市场又会管理。我跟她常讲的一句话是，"木兰，记住你是个长跑运动员"。是啊，企业是在长跑，只有长期坚持才能跑到底，才能最后成功。

市场细分是我特别看重的事情，做企业一定要在细分领域里占据优势，做成头部企业。在一个竞争激烈的行业，通过市场细分，沿着产业链延伸，不断开发新产品，提高产品附加值，企业也可以找到自己的生存空间，这也是时下一种重要的经营方式。

企业转型的方向

当前，新一代信息技术蓬勃发展，同时应对气候变化的低碳化时代也迅速到来，这些变化驱动全社会生产方式、生活方式和治理方式加速变革。把握新发展阶段，贯彻新发展理念，构建新发展格局，推动"十四五"时期高质量发展，需要每个企业都能做好自己的事，以时不我待的精神，加快创新转型升级步伐，全面提升核心竞争力。在我看来，重点要向"四化"转型。

高端化

高端化就是加大结构调整和技术创新的力度，综合运用制造业服务化、产研结合、集成创新等模式，进一步延伸产业链和价值链，不断向产业链高端跃升，提升上下游产业链的整体价值。

从这次新冠肺炎疫情来看，中国经济的韧性非常好，还有很大的发展空间。虽然经历了惊心动魄的变化，但是中国经济的基本面并未受到太大冲击。特别是在全球供应链的恢复和发展上，我国企业抢占了先机，呈现非常好的态势，这也体现了国内产业链的优势。

2019年，我在瑞士达沃斯见到了德国西门子、瑞士ABB等大公司的领导人。我问他们："你们的工厂会不会迁移到越南、印度？"他们告诉我不会，搬走的话成本低只是一时的，而公司的设计中心、研究中心都在上海，加工厂也在上海、广东一带。同时，他们比较看好欧洲市场、北美市场和亚洲市场，而亚洲市场以中国市场为主，中国的配套能力，中国的人才特别是高端人才，是越南、印度没有办法取代的。这让我觉得很踏实，跨国公司不是那么容易就搬走的，但前提是我国的企业必须在质量上做好，要从低端迈向中高端，必须进行转型。

推进制造业迈向全球价值链中高端是我国企业未来发展的方向。企业在战略上要做好协调和平衡，充分利用双循环机遇，巩固我国的全球制造中心地位；在战术上也要采取有进有退的策略，要有效调整自己的产品战略，利用智能化升级浪潮重塑产品和竞争优势。一方面，企业要提高中端或中高端产品的制造数量和水平，提高产品附加值；另一方面，要减少中低端、低端产品的比重，从中低端产品向中高端产品迈进，在整个贸易平衡的过程中，保持我国强大的全球制造中心地位。

数字化

人类于1946年发明了电子计算机，1969年发明了互联网，20世纪90年代互联网开始应用于商业领域。1997年，电子商务进入中国，那个年代，北京香格里拉饭店大堂里几乎人手一张网，见面就问"是B2B还是B2C"，谁都知道".com"。我们当时也做了一家网络公司——北新数码，搞了一个"中国建材总网"。

由于"触网"，北新建材的股票被投资者热捧，连续出现7个涨停板。但好景不长，互联网泡沫先在美国破灭，从2000年开始中国的互联网企业也大都一蹶不振。究其原因，当时我们有两个条件不具备：一没有移动终端，二没有网上支付手段，再加上没有很好的仓储物流和配送条件，电子商务没有真正做成。时过境迁，互联网技术在短短20多年里迅速发展，与中国各领域、各行业迅速融合，给人们的生产生活带来深刻变革。

在互联网时代，企业的商业模式是构筑一个平台，使供需双方在无中介情况下达成交易，从而降低成本。互联网改变了信息不对称的问题，在商业上推动了去中介化。过去做生意都得靠中介，因为客户和生产者之间信息很难对称，只能通过商人、贸易、物流这些方面的中介知道客户、生产者在哪儿进行交易。如今的淘宝等都是拿互联网做平台，大家都可以看到自己的客户是谁，厂家和客户通过平台直接联系，中介就没有意义了，当然互联网的意义远不止于此。

互联网的商业应用包括消费互联网和产业互联网，在这几十年里，我们基本完成了消费互联网的平台建设，在技术的普及和应用场景上，走在全球的前列，现在我们又在大踏步地发展产业互联网。产业互联网是B2B，我国有4000多万家公司，拥有充足的市场需求，是一个潜力巨大的市场。进入产业互联网阶段，制造业要当好主角，把数字化、网络化、智能化作为实现高质量发展的核心驱动力，加快新旧动能转换，提升创新发展能力。

像海尔卡奥斯工业互联网平台聚集了390多万家生态服务商，致力于打造"大企业共建,小企业共享"的产业新生态,以大规模定制模式为核心,助力全球传统产业与中小企业转型升级,为用户提供不断迭代的个性化体验。

这两年调研了上百家上市公司,让我印象最深的是企业数字化转型的速度之快,5G等新一代信息技术赋能新应用,云计算、大数据、人工智能、工业互联网、物联网等共同推进了智慧社会的发展,支撑产业数字化转型,成为中国数字经济的新引擎。可以说,今天的数字化正在重塑所有商业和企业,并融入了所有的企业中。不仅仅是小米、美的等制造业企业,就是江中制药、云南白药等传统制造业企业,在数字化、智能化方面的应用也相当快。这让企业减少了用工,降低了成本,关键是还能提高作业的精准度,提升产品质量,优化生产效率。

目前,一条日产5000吨水泥的自动化生产线需要300人,而今天同样规模的最新的智能化生产线只需要50人,还实行三班倒,生产线从原料采矿到包装,整个过程都是无人操作,完全智能化。也就是说,传统制造业企业经过数字化转型,完全可以变成一个以数字化为基础的现代制造业企业,成为一个跟上时代的行业佼佼者。

今天,无论是在生产制造还是交通等领域,由于5G的推动,智能化的进程都在加快,智能化的普及有利于我国制造业进行中高端升级,进而巩固我国全球制造中心的地位。当年,日本制造业(尤其是家电等领域)曾出现大规模的产业空心化,由于人工成本上涨,先是从日本迁到韩国和中国台湾,接着迁到中国大陆东南沿海地区的昆山、深圳和东莞,再迁到郑州、成都等地,近年来又迁到越南、印度等国。而我国是制造大国,也是消费大国,我们的制造业无法大规模迁出。一方面,制造业仍是我们的根,是我国创汇的主要来源;另一方面,我国拥有14亿人的市场,任何国家的制造业都无法满足我们的需要,当然,我们也不能把自己的市场拱手让给别人。但人工成本上涨又是回避不了的问题,今天我国很多工厂都出现了"机器换人"的现象,智能制造成为主攻方向,改变了企业的结构和发展的方式,人工成本就没那么重要了。因而,数字化对中国来说意义尤其重大,它维持了我国全球制造中心的地位。

江中药业的液体制剂生产线自 2012 年起就实现了全过程自动化操作,年生产规模可达 1 亿瓶,是全球首条无人化操作中药液体生产线。云南白药基于大数据、云服务的智慧创新,优化生产工艺,投资约 11 亿元,建成智能化、自动化、绿色环保的"工业 4.0"牙膏智慧工厂。目前,美的机器人密度大概是 300 多,近期的目标是超过 500。机器人密度是智能化的一个指标,是指每万名工人配套使用的工业机器人数量,是反映一个国家制造业水平的重要参数。国际机器人联合会(IFR)发布的《2020 世界机器人报告》显示,2019 年在制造业机器人密度方面,欧洲平均是 114,美国是 228,中国是 187。

企业今后都用机器人工作,那么,员工该怎么办?我几年前到瑞典斯凯孚公司(Svenska Kullarger-Fabriken,SKF)调研,公司总经理带我参观了整个智能化的工厂,并告诉我今后工厂就不用人了。我开玩笑地问:"工厂不用人,是不是最后就剩下总经理一个人就行了?"这是我一直思考的问题,其实,人类历史上的几次工业革命都提出了同样的问题,当时都觉得无解,但后来人类社会都变得更加美好。所以,不用惧怕智能化,企业该智能化就智能化,产品被机器生产出来供人类使用就可以了。人类未来可能没必要非要从事体力劳动,劳动也是为了有收入而能买东西,遵循的是按劳分配的方式,随着智能化带来的物质极大丰富,未来这种方式将会改变。

低碳化

欧洲不少国家已经碳达峰,开始减少二氧化碳的排放。我国作为最大的发展中国家提出"3060"双碳目标,预计 2030 年前实现"碳达峰",碳排放达到最高点也就是拐点后开始下降,2060 年前实现"碳中和"。2020 年我国的二氧化碳排放量是 98.99 亿吨,占全球的 30.7%,是全球最大的二氧化碳排放国。到 2030 年碳达峰的时候,在这个基础上还会增加二氧化碳排放。100 多亿吨的二氧化碳,在未来的 30 年要去中和,这是一个复杂工程,是非常严峻的挑战。

2021年12月，中央经济工作会议强调要正确认识和把握碳达峰、碳中和。实现碳达峰、碳中和是推动高质量发展的内在要求，要坚定不移地推进，但不可能毕其功于一役。要坚持全国统筹、节约优先、双轮驱动、内外畅通、防范风险的原则。

尽管落实"双碳"目标的时间很紧迫，但是毕竟有一个跨度，是个分阶段实施的长期任务，不是马上就要把所有的事情都做完。国家既有方针，也有路线图，我们要很好地研究，目标上要坚定不移，策略上要稳中求进。

作为企业在战略上应该做到三点：

第一，把"双碳"纳入企业发展战略。双碳将从根本上改变我们的生产、生活，改变企业的形态，引发各个产业的变革，促进企业的转型和结构调整，对企业来说既有挑战也有机会。据有关机构测算，实现中国碳中和目标，大体需要投入136万亿元人民币，带动相关领域投资可能高达400万亿元，这会催生很大的市场。

资本市场中可再生能源领域的企业的股票价值和新能源汽车企业的股票价值都比较高。现在做电池的企业有1万多亿元市值，就反映了这场变化中的机遇。企业要看到变化中潜在的、巨大的商机。

不论是国有企业，还是民营企业，都要认真关注和研究双碳政策、监管因素、技术趋势等各方面的影响，把"双碳"目标作为战略考虑的首要因素，纳入企业发展的战略中，因为它要改变我们的能源结构，任何企业都将因此而改变，需要做相应的战略调整。企业要很好地思考"双碳"目标相关的国家政策的时间点、路线图怎么和自己所做的事情结合起来，不仅要制定中短期的低碳转型策略，同时也要考虑可持续的低碳发展长期规划，这样才能做到既积极又稳妥。

践行"双碳"目标要认真地做，不要"刮风"，不要不切实际地去做，否则对企业来讲，不仅"双碳"目标没做好，还把企业现有的经营成果也搞垮了，这是我们不愿意看到的。企业要实事求是，全力以赴去做，但是要把握节奏，要切实可行。

第二，企业要加大节能生产，积极探索低碳化生产经营模式。节能是最廉价的能源，如果企业节约一半的能源等于生产了这么多的能源，而且是零排放的。

　　整个工厂的生产制造过程中有三个要点：一是生产原料上，倡导循环经济，在保证质量、环境和消费者健康的前提下，让城市和工业废弃物物尽其用。比如生产石膏板用工业脱硫石膏，生产水泥大量采用电厂的粉煤灰，尽量减少用天然的矿石作为原料。二是生产过程中，实现无害化处置城市垃圾，追求净零排放。生产过程中产生的废水、废料都不得随意排放，关键是要解决废气，包括废气脱硫、脱硝释放的二氧化碳，这对企业是非常重要的。三是产品应用过程中，要注重节能环保。现在生产的新型建材，运输量轻，减少在运输过程中能量消耗，装在建筑上节能，减少日后在使用中的能量消耗，把它拆下来还可以再循环使用。

　　像电厂、化工、钢铁、水泥等均属于难减行业。对于这样的难减行业，我们怎么改造，才能实现能源的清洁高效利用？

　　以水泥为例，其实水泥是好东西，没有水泥不行。2020年我国生产了多少吨水泥？ 24亿吨水泥，占全球总量的60%以上。水泥拥有极佳的属性，加水可以自己流动，流动后固化，这样可以用于隧道、桥梁的建设。比如川藏铁路，桥隧比达90%，除了隧道就是桥梁，得用水泥和钢筋，水泥占多数。我国的建筑主要是用水泥。一栋楼在地面上有多高，地下就有多深，水泥桩打地基，没有水泥很难想象今天社会的基础设施建设。但是，水泥的缺点是什么？是会产生碳排放。碳酸钙分解成氧化钙，遇到黏土中的硅酸盐发生化学反应形成硅酸钙，这是二氧化碳的净排放过程。水泥的碳排放约占全球工业碳排放的7%，一吨熟料要排放0.7吨左右的二氧化碳，全球水泥行业每年排放20亿吨左右的二氧化碳，这是个很大的数字。

　　我现在担任世界水泥协会（WCA）主席，在减碳工作中十分努力。2019年3月，世界银行还专门请我到华盛顿给世界银行的官员就水泥行业的减排问题做了一场演讲。如今水泥企业在工厂建设上，都致力于成为环境友好型企业，努力建造花园中的工厂、森林中的工厂和湖水边的工厂。中国建材在乌兰巴托建有一家水泥厂，从远处望去，好像工厂没在生产，因为看不到过去冒烟的情形，但其实是正常运作的。这家水泥厂建设得很好，周围是草原上的马和羊，和工厂相得益彰，被称为草原上的工厂。中材国际旗下成都建材院承建的埃及 GOE Beni Suef 6 条日产 6000 吨熟料水泥的生产线项目被誉为水泥王国的"金字塔"和"一带一路"沿线上的璀璨明珠，获得了 2018～2019 年度中国建设工程鲁班奖（境外工程）。这是中国建筑行业工程质量最高荣誉奖，被誉为"中国建筑界的奥斯卡"。

在"双碳"进程中，中国水泥行业应制定比欧洲、日本更高的碳排放标准，因为我们的产量大、环保压力大，所以要求应更严格。一方面，我们希望用高标号水泥减少低标号水泥的用量，减少二氧化碳的排放。专家估算，如果把现在使用的水泥标号从 32.5 提高到 72.5，能减少水泥行业 40% 的二氧化碳排放量。另一方面，我们也得寻找新材料来生产一些低碳水泥。

另外，我们还要限制水泥生产过程中的二氧化碳排放量，科技创新可以帮助我们实现，要加强绿色低碳重大科技攻关和推广应用。通过创新，把高耗能的行业给降下来，把一些高耗能的技术给改造了，这是非常重要的。在水泥行业，我们搞的余热发电利用，就是节能的措施，每个水泥厂的生产线都全部配套余热发电系统，安装脱硫、脱硝和静电与袋式双重收尘装备，减少二氧化硫、氮氧化物、PM2.5 等的排放，仅余热发电一项就可以节约整个企业 30% 左右用电，减少二氧化碳排放量 955 万吨。

我们还可以利用大数据等现代科技提高企业的生产运营技术，减少能源的耗费。现在的智能化水泥厂，每吨熟料耗费的标煤只有 85 公斤，普通自动化的生产线最低要耗费 110 公斤标煤。从自动化到智能化的技术改造使得它减少了 20 多公斤标煤的耗费。中国建材在山东泰安建设的世界首条工业 4.0 水泥工厂，应用 GPS 定位、互联网+、大数据处理、生产智能化模拟系统等技术，能效、环保和效益指标均达到世界先进水平，最大限度地接近了"零人员、零排放、零电耗"，被称为"世界水泥的梦工厂"。

除了降碳外，碳捕集利用与封存也是实现净零排放的重要措施。目前全氧燃烧二氧化碳富集提纯技术等已相对成熟，但受经济成本、封存后的使用限制，未大规模推行。企业要积极联合科研机构、上下游企业等，打造可规模化、低成本的解决方案，并推进实现工业化应用。

难减行业不仅要在技术创新上做文章，也要在产业转型上做文章。能源、钢铁、有色金属、石化化工、建材、交通、建筑等行业和领域要以节能降碳为导向，发展节能工艺，使用清洁能源，提升资源循环利用能力，加快绿色低碳转型升级。

比如建筑行业，每年耗能约占全国总耗能的30%，全国有大量能耗供应在建筑行业。那么建筑行业该如何做好节能，如何减少能源消耗、二氧化碳的排放呢？北新建材做了30余年的北新房屋，又叫加能源5.0房屋，它十分有意义。为什么叫5.0？ 5.0代表5个能源措施：地热、光热、光电、家庭风电、沼气。过去我们讲零能源房屋、节能房屋，现在我们称之为加能源房屋，这样的房屋不但不耗费能源，实现能源自给，还可以为大电网输出能源，获得一份卖电的收入。几年前我们在密云给农民建造了大批这样的小房屋，可以利用光能、风能作业，提供家庭用电，沼气处理功能供应家庭采暖。如果全国农村的房屋都改成这种模式，房屋就不用烧煤了。这从商业角度来看完全可行，而且这样的房子不贵，一平方米2000多元，农民完全负担得起。现实中，在新疆喀什的英吉沙县，北新建材为当地群众建造了一个100户的加能源绿色小镇，每户人家每年有3000元的电费收入。此外，中国建材在英国、西班牙、智利、厄瓜多尔等国家承接了不少项目，当地人把这种加能源房屋称为"中国的Smart House"，这就是一种产业转型。

第三，解决碳排放的根本是能源结构的改变，必须用可再生能源取代化石能源。国际能源署（IEA）发布的报告中指出，到2050年，全球近90%的发电将来自可再生能源，风能和太阳能光伏发电合计占近70%，其余大部分来自核电。这对能源结构以煤炭为主的中国来说是个巨大的挑战。

我前段时间在中国核电调研，了解了核电的发展现状。日本福岛发电厂出了事故，德国逐渐退出核电领域，而法国发展核电，德国用法国的电。我国从实际应用角度出发，正在大力发展核电，随着我国核电行业技术水平越来越高，安全度也越来越高，核电可以安全使用。

目前，可再生能源最现实的途径是光伏和风能。通过全产业链集成制造，我国有力推动风电、光伏发电成本持续下降。近10年来，陆上风电和光伏发电项目单位千瓦平均造价分别下降30%和75%左右，产业竞争力持续提升，为可再生能源新模式、新业态蓬勃发展注入强大动力。现在，光伏发电成本是0.85元/（千瓦·时），风力发电成本为0.5～0.6元/（千瓦·时）。未来一旦煤电价格放开，相信光伏发电、风力发电的价格更有优势。在10年前甚至5年前，这种情况是很难想象的；但随着技术的发展，可再生能源的成本低于化石能源的成本，这是非常了不起的技术进步。

现在制约风力发电、光伏发电产业发展的重要因素就是储能技术，这个问题正在解决中。在储能技术上，过去主要依靠抽水蓄能电站；后来动力电池市场不断扩大，应用于电网的储能技术快速发展；现在，新能源发电规模迅速扩大，新能源汽车推广使用，智能电网建设快速升温，与之相关的储能技术与装备的发展前景一致被看好。

除了用可再生能源替代化石能源外，低碳化的另一个全球趋势是汽油车被电动车等新能源汽车取代。毫无疑问，电动车就是汽车产业的未来，中国拥有2亿辆汽车的市场容量，这给电动车、自动驾驶等产业的发展提供了很大的市场空间。对于新能源汽车而言，电动化是上半场，智能化是下半场。目前，中国新能源汽车产销量连续6年位居全球第一。巨大的市场需求会有利于我们培育出自己的汽车品牌。这是中国在汽车电动化、智能化时代的新机会。

总之，低碳化、零碳化将为企业带来新的发展空间，形成新的发展优势。接下来，企业要抓住这些政策机遇，重塑企业战略。一方面，要将绿色低碳环保理念融入企业文化中，做好现有企业的节能，进行低碳化生产。另一方面，要调整产业、能源和产品结构，大力发展低碳绿色环保产业和新能源行业。此外，还要开展碳交易，造林增加"碳汇"等新的减碳尝试。2021年7月16日全国碳排放权交易市场正式上线，能源利用效率高、节能减排成效好的企业将在市场中获益。企业要加强内外部协作，在政策、产业链上下游伙伴、第三方咨询服务等诸多方面的支持和协同配合下，积极稳妥推进"双碳"进程。

服务化

服务化就是推动制造业向高端延伸，增加服务要素在生产经营活动中的比重，由单纯提供产品和设备向提供全生命周期管理及系统解决方案转变，实现价值链和商业模式的重构。

目前，我国制造业处于普遍过剩、恶性竞争状态，从生产型制造到服务型制造，是制造业转型升级的重要方向。《中华人民共和国国民经济和社会发展第十四个五年规划和2035年远景目标纲要》明确指出：发展服务型制造新模式；以服务制造业高质量发展为导向，推动生产性服务业向专业化和价值链高端延伸。

我们要为客户提供更多的增值服务，这很重要。2014年8月，央视财经频道《对话》栏目邀请我做了一期关于"中国制造业的服务升级"的节目，探讨把制造业和服务业融合在一起，共同经营的新业态。也就是说，围绕制造业，如何接近终端客户？如何由过去单一的在制造业争取附加值，到为终端客户提供更多服务来争取更多附加值，或者说提供更多增值服务。

制造业应该系统思考如何为客户提供一揽子的系统解决方案，而不是只从某个产品去思考。上市公司瑞泰科技原来是生产和销售耐火材料的，现在销售的是保证窑正常运行的时间。因为客户的真正需求不是耐火材料，而是需要把这个窑修好，保证这个窑的正常运行。保证窑正常运行的时间越长，客户赚的钱就会越多，并按此付费，进而瑞泰科技赚的钱也就会越多。

当年，法国的米其林是专注做轮胎业务的。但是，司机对轮胎的消费是固定的，车辆行驶4万公里左右，轮胎磨损以后才会更换新的。所以，米其林就算生产再多的轮胎，也不能提升公司的业绩。唯一可以让轮胎销量提升的方式，就是让司机开车行驶更远的路，这样就加速了轮胎的磨损和消耗。

为了给司机提供更全面的服务，米其林想到为司机推荐当地的餐厅，并依据自己制定的标准为餐厅打分。在当时互联网并不发达的时候，米其林就发布了《米其林指南》，内容收录了旅行路线指南、各大餐厅评价等。让米其林自己也没想到的是，这个原本为了鼓励人们多出去走走的小册子，居然大受欢迎。因而，米其林把它也办成了一个品牌。有哪个餐厅成为米其林餐厅，都是一种莫大的荣耀。这就是制造业服务化的典型案例。

青岛的双星轮胎公司依托"胎联网"平台成功为物流运输、公交客运等领域的百余家企业提供轮胎"卖公里数"与全生命周期管理服务，降低用户的轮胎使用成本和油耗。这一模式的颠覆，离不开工业互联网。青岛双星建立了全球轮胎行业第一个全流程"工业4.0"智能化工厂，实现了传统轮胎行业的转型升级。青岛双星通过在轮胎中嵌入芯片实现了对轮胎胎温、胎压、行驶路线、路况、载重、磨损数据的实时监控，这些信息被与芯片相连接的车载接收器收集，上传到胎联网"智慧云"后台，实现轮胎的全生命周期管理。在卡、客车领域，双星已经将轮胎销售模式由一次购买转变为"卖公里数"，将物流车队一次性购买轮胎转变为根据公里数分期支付轮胎费用，按照"公里数"收费降低了物流企业在采购轮胎时一次性投入的资金成本。未来用户需要什么样的轮胎，轮胎需要有哪些方面的改进，这些都可以基于第一手数据主动改进，为客户进行场景化产品定制生产。通过胎联网，双星重构了用户与企业之间的关系，打通生产端与需求端，真正实现了轮胎、车辆、物流车队、轮胎企业之间的信息链接。

中国建材也在服务型制造等新业态上做出了新尝试。智慧工业服务的模式有点像香格里拉集团连锁管理饭店的模式。中国企业在走出去时，在海外建了很多工厂，我们可以输出一大批有技术水平和管理能力的人员为它们提供外包式管理，提供技术支持和管理服务。现在中国建材已经管理了中东、非洲和俄罗斯等地区和国家的30多个工厂，未来争取做到100条线。

在2021年中国国际服务贸易交易会上，国检集团作为国内碳减排和绿色建材认证领域高技术服务领军机构受邀参展，开设线上云展台和云洽谈，向公众展示"双碳"技术服务、绿色建材认证等 20 余项服务内容。国检集团作为建材工业碳排放培训基地、工业节能与绿色发展评价中心,具备多个国内外碳相关资质,建立了"双碳"领域全生命周期一站式集成服务体系,按照碳达峰与碳中和工作技术路线为中国建材提供了专项规划服务,为武汉军运会提供了碳中和评价服务,结合低碳技术验证、碳足迹数据库、绿色金融、ESG 等服务,助力我国构建互联互通、互利共赢的产业生态和低碳绿色的行业命运共同体。

客户是企业生存之本

企业存续和发展最核心的要素是客户。如果企业丢了客户,它的业务就会枯萎。怎么才能让客户喜欢我们的企业、产品和服务呢?我在北新建材当厂长之前,曾当过 7 年的副厂长,主管销售工作。我那时就跟销售人员说:"其实,你们想清楚一件事就行了,那就是凭什么我们的客户千里迢迢要来到北新建材购买我们的产品。如果我们把这个问题想通了,我们的产品就不愁卖了。"客户为什么喜欢我们?或者,我们凭什么让客户喜欢我们?这是企业在根上要思考的问题。企业有客户才能生存,所以一定要创造忠诚的客户,不能因企业方面的问题而丢了客户。

我在北新建材的时候就曾提出做企业的"三个信心":"没有比员工对企业有信心更重要的事,没有比客户对企业有信心更重要的事,没有比投资者对企业有信心更重要的事。"有了这"三个信心",企业就能把握发展的正确方向,否则就会寸步难行。

员工对企业有信心,才会在服务客户时充满热情和活力,进而会感染客户。北新建材过去有一个和石膏板配套的产品——轻钢龙骨,这个产品的技术含量并不高,但一直销量很好,效益也很好,"秘密武器"之一就是 5 位女发货员,我称她们为"五朵金花"。当时,这 5 位女工都已是孩子的妈妈了，有开叉车的，有开票的，有发货的，她们的共同点是对提货的客户特别热情。比如，她们给客户泡茶、送饭，像对待家人一样对待客户。研究表明，语言对人的影响只占25%，行为的影响占到75%。正是她们的这些行为，让北新建材获得了许多忠诚客户。

正如西方管理学家所言，你怎样对待你的员工，你的员工就会怎样对待你的客户，这句话很有道理。企业只有真心实意地对员工好，员工才能发自内心地为企业创造效益，企业才能获得持续的成功。

南方航空以"阳光南航"为文化品格，以"连通世界各地 创造美好生活"为企业使命，以"顾客至上、尊重人才、追求卓越、持续创新、爱心回报"为核心价值观，致力于建设具有中国特色的世界一流航空运输企业。南方航空致力于为旅客提供全流程、规范化、一致性的服务体验，通过对1.5万名乘务员的党建教育，让员工热爱企业，融洽团结，有集体主义精神，实现了随叫随到，不叫不到，打造"亲和精细"的一流服务品牌，为会员提供全方位立体化的出行服务。南方航空拥有年配餐能力超过9000万份的专业航空配餐中心，为旅客提供"食尚南航"家乡味地道美食。

除了把握客户的需求外，企业更难做到的是创造客户需求，只有走在客户和市场的前面，才能取得较为显著的创新成果，提供更具特色的产品或服务，吸引和培育更多的长期客户。特来电新能源股份有限公司（简称特来电）的创新理念是："不是客户需要什么，我们就开发什么，而是我们创新什么，市场就需要什么。"它的定位是打造一个新能源和新交通深度融合的生态运营公司，通过搭建一张中国最大的汽车充电网，构建了人、车、电池、能源深度链接的工业大数据平台，并保持实时在线和高强度交互，将汽车大数据、用户行为大数据、能源大数据等收集到充电网，实现电商、约车、买电卖电、大数据修车、大支付金融、大客户电商等互联网增值服务，引领充电网、车联网和互联网"新三网融合"的新能源互联网。

第12章

价值最优化

企业要做大做强做优,"大"是指规模,"强"是指竞争力,而"优"则是指企业效益。企业是营利组织,经营中追求利益最大化。而企业在经营中取得利润,除了降低成本外,合理定价也是关键所在。企业产品的价值是通过产品的价格来体现的。稻盛和夫曾讲过,"定价即经营",他认为定价是企业领导的职责。在短缺经济时代,我们主张"量本利",用多生产多销售来降低单位成本。但在过剩经济时代,"量本利"失灵了,因为多生产的产品卖不出去就变为库存,而低价销售又诱发价格战,往往血本无归。因而,我们推出"价本利"的经营理念,提出稳价降本而获得利润。对上市公司而言,企业的价值是通过企业的市值来体现的。我们讲企业做优,除了要有良好的利润之外,还要有良好的股价和市值,企业上市不只是为了融资,更重要的是要回报股东,能为股东创造价值的上市公司才是好上市公司。

企业应掌握定价的主动权

很多企业家、厂长和经理都认为，经营就是把握好两件事：一是产品销量，二是产品成本。产品价格，往往也被认为是由市场客观决定的，企业只能适应却无法左右。这反映在市场竞争中，就是大家把扩大市场份额当成莫大的胜利，把牺牲市场份额当成奇耻大辱，常常为抢占市场份额而不惜大幅降价。

其实，企业不仅要关注销量，更要关注价格。销量和价格有一定的矛盾，最理想的状态是量价齐涨，至少做到价涨份额不丢或量增价格不跌。当价格和销量不可兼得时，我们思考问题的出发点应是确保合理的利润，找到价格和销量之间最佳的平衡点，一味牺牲价格去增加销量是行不通的。所以在金融危机中，西方大企业采取的应对措施都是缩量，比如航空公司会很理智地停掉一些航班，而不是杀价、送票。在《财富》世界500强企业中，日本企业的相对利润率是最低的，日本企业的竞争文化是由于狭小的国内市场而形成的，它们把市场份额看得十分重要，所以价格相当低。这点要学德国，德国企业的产品质量一贯好，价格也相对高一些，没有太大折扣，反而让客户放心。

稻盛和夫在他著名的《经营十二条》一书中提出，定价即经营，定价就是定生死。他认为，定价不是销售人员的事，定价是企业领导的职责，价格应定在客户乐意接受、企业又盈利的交汇平衡点上。定出一个合理的价格后，通过降低成本、创造销量，使企业赚到利润。

赫尔曼·西蒙在《定价制胜》[一]一书中有个观点，我很认同。他认为，企业不是价格的被动适应者，而应掌握定价的主动权。尤其是在产能过剩情况下，希望通过降价来扩大销量的经营思路无异于自杀。以一个产品为

[一] 本书中文版机械工业出版社已出版。

例，如果销量减少20%，企业利润就会下降15%；而如果降价5%，企业利润则减少60%。原因很简单，降价竞争会遭到竞争者的反抗，大家统统降价，最终谁也保不住份额。理智的做法是去产能，也就是我们常讲的供给侧结构性改革。竞争各方应理智地减产，用减产保价的行业自律渡过难关。

20世纪90年代，日本水泥销量为1.2亿吨，经济泡沫破灭后，水泥销量只有4600万吨，几乎减少了2/3。当时在日本通商产业省（2001年改组为经济产业省）的主导下，日本的水泥企业由23家整合为3家，之后这3家水泥企业按照比例拆除过剩的工厂。通过这些措施，日本每吨水泥的价格一直稳定在100美元左右，水泥企业的效益也很好。在美国也一样，金融危机发生后，水泥销量从1.2亿吨下滑至7500万吨左右，各家水泥企业采取了减产保价的策略，每吨水泥的价格也一直坚挺在100美元左右。而越南、埃及等国家出现产能过剩后，水泥企业大打价格战，每吨水泥的价格从前几年100多美元的高价位，打到目前只有30美元的低价位，整个行业出现了大规模的亏损。正反两方面的经验和教训，值得我们认真反思。

关于价格，还有一个常见误区，就是经营者把价格完全放给销售员。但在以销量为指标的考核导向下，销售员很容易压价销售，因此西蒙提出把售价和销量结合起来的考核方式，甚至价格应作为首要目标。我年轻时在工厂工作，那时生产和销售"两张皮"，管生产的一味追求超产，管销售的则要保证不能压库，当时销售员采用的办法是降价和赊销，往往使企业蒙受损失。现在不少水泥、商混等企业仍把降价和赊销作为销售手段，有的企业甚至因欠款收不回而经营不下去，这是很失败的。行规和商业模式是可以改变的。经营者不能凡事都听销售员的，如果经营者自身没有定力，对市场和客户不了解，那最后一定是价格降得一塌糊涂、应收账款高筑，进而把企业拖垮。因此经营者应该特别关注价格和应收账款两个指标，树立好行规，确保好价格，不欠款，否则经营就无从谈起。

价本利：全新的盈利模式

从量本利到价本利

"价本利"是从传统的"量本利"发展而来的。量本利（VCP），最初是通过对企业产量（volume）、成本（cost）和利润（profit）三者之间的关系进行综合分析，预测利润、控制成本的一种数学分析方法，后来成为传统经济模式下的一种基本盈利模式。它的核心理念是企业通过增加产量、降低成本来取得利润。这就是我们通常所讲的薄利多销。

但在过剩经济背景下，产品供大于求，市场已从供给制约转为需求制约。在这种形势下，企业再去多增加产量，不仅不能摊薄固定成本，反而增加了变动成本，致使流动资金紧张。更为严重的是，产能过剩引发企业之间愈演愈烈的低价倾销和恶性竞争，极大压缩了企业的利润空间，甚至导致亏损。举个例子，卖20万辆汽车比卖10万辆汽车的单位成本更低，因此就能获得更多的盈利。但在过剩经济背景下，生产10万辆汽车能卖得出去；生产20万辆汽车，就有10万辆卖不出，不但没有真正降低每辆汽车的单位成本，还会占用大量的流动资金。于是，"量本利"就失效了。

面对"量本利"失效的情形，中国建材创造性地提出一种全新的盈利模式——价本利（PCP）。"价本利"模式不再将企业的盈利核心立足于产量的增加，而是实行"稳价、保量、降本"的六字方针。它强调在稳定价格的基础上，尽量保住销量，通过管理整合降低成本，实现企业的合理利润。

"价本利"的基本要义有两点：一是通过稳价保价手段，使价格处在合理的水平区间，使之不严重违背产品的价值；二是控制一切应该控制的成本。无论是用马克思的劳动价值论，还是西方经济学的理论来进行分析，在一个过剩行业中，首先要聚焦于市场和价格。在"价本利"理念下，利润是目标，价格是龙头，成本是基础。中国建材创造性地绘制了"价格曲线图"，通过这张图研判在"价本利"这一理念下的市场和价格，对企业而言就变得意义重大。像南方水泥这些年紧抓"稳价、拓量、降本、收款、压库"等关键工作，发挥区域市场引领作用，坚定推进供给侧结构性改革，坚决抵制违规新增产能，积极推进去产能工作，改善供求关系，稳定市场和价格。取得一定成效后，其他大企业也逐步加入主动开展行业自律的队伍中，根据各区域供需情况自发推动常态化理性自律生产。通过全行业共同努力，市场价格逐年理性回升，全行业利润也得以快速增长。

从竞争到竞合

市场竞合，强调在充分竞争的环境下，作为市场的主体，企业之间既有竞争也有合作，企业经营活动是一种可以实现双赢的非零和博弈。竞合理论的战略目标，是建立和保持与所有参与者之间的一种动态合作竞争关系，最终实现共赢局面。市场竞合是对竞争理论的提升，强调合作的重要性，体现了保障竞争者利益和促进市场健康化的理念，有效克服了传统企业战略过分强调竞争的弊端。

关于竞争，不少人误认为，要竞争就不可能合作，竞争就是"你死我活"的丛林法则。其实，竞争有好坏之分，有序的、理智的好竞争，能推动企业效益和消费者福利的增长；无序的、过度的、低价的坏竞争，会扰乱市场秩序，破坏系统生态，威胁行业健康。通常，大家比较熟悉《中华人民共和国反垄断法》，政府实际上还制定了《中华人民共和国反不正当竞争法》

和《中华人民共和国反倾销条例》，政府保护正当的良性竞争，反对不正当的恶性竞争。过去，我国国产婴幼儿奶粉行业是不错的，但由于恶性压价竞争，发生了"三聚氰胺事件"，让整个行业遭遇严重的信任危机，这个教训是惨重的。

现实中，有的企业一味地把竞争当成解决一切问题的灵丹妙药，还在进行"攻城略地""你死我活"的杀价式或自杀式竞争，这是非常偏激的。西方国家早期崇尚极端的市场竞争，在工业化早期，确实发生过大规模倒闭潮和企业家跳楼的惨剧，也发生过将牛奶倒入海里的资源浪费行为。但后来，西方国家的企业经历了若干次大规模兼并重组后，绝大多数产业的集中度都很高，市场上呈现出一种大企业之间的良性竞争状态，既保证了竞争的理性化，也保证了投资者、员工和客户的利益平衡。

中国已经进入后工业化时代，建材、钢铁、煤炭等基础原料产业严重过剩。这些行业如果重复西方早期那种恶性竞争、杀价的老路，必然会带来资源浪费、环境污染等一系列社会问题，整个社会也将为之付出极其惨重的代价。

从竞争到竞合，是过剩行业必须完成的跨越。竞争，体现在技术创新、精细管理、环境保护、品牌塑造、社会责任等方面；合作，体现在执行产业政策、确保市场健康、交流学习管理技术等方面。如果说市场竞争是对低效的计划经济的校正，市场竞合就是对过度竞争的校正。过去，我们引入竞争释放了企业活力；现在，我们需要用竞合思想来实现企业之间、企业与客户之间的合作共赢。

爱尔兰 CRH 老城堡集团 CEO 阿尔伯特·满福德（Albert Manifold）先生访问中国建材时讲到，要改变水泥行业恶性低价竞争的现状，只能依靠自律和竞合。作为全球水泥规模最大的企业、中国水泥行业的领袖企业，中国建材在长期恶性竞争的市场环境中，逐渐意识到市场竞合的重要性。我在 2009 年就提出"行业利益高于企业利益，企业利益孕育于行业利益之中"的理念。按照这一理念，中国建材充分发挥行业领袖的作用，带头在行业中进行市场竞合"四化"工作。

- **一是发展理性化**。现在水泥产能绝对过剩，没有理由再建新的生产线。
- **二是竞争有序化**。市场经济本身容易造成过剩，我们和西方成熟市场的最大区别是西方的市场竞争有序而我们的市场竞争无序。中国建材引导整个行业进行有序化竞争，而不是不竞争。
- **三是产销平衡化**。通过降低产能利用率，实行错峰生产、以销定产、零库存等，以减少积压。
- **四是市场健康化**。要发挥政府和协会的作用，反对不正当竞争和低价倾销，维护市场的健康与稳定。

竞合是一种境界，也是一种胸怀。这些年来，中国建材开展大规模联合重组，积极探索节能限产、错峰生产、立体竞合、精细竞合、资本融合等多种竞合模式，带领水泥市场实现了从红海到蓝海再到绿海的转变，共同建设生态的、可持续发展的、更高层面的市场环境，维护了行业的稳定健康发展，被称为行业里的"蔺相如"。我也像一只"啼血杜鹃"一样，在行业里不厌其烦、不遗余力地倡导建立合作共赢的行业价值体系。这是我们对于行业的一份责任。值得欣慰的是，竞合理念已逐步被行业所熟知和认同。

水泥企业这些年按照一种良性竞合的思路做过来，今天来看水泥行业非常健康，尽管仍有过剩产能，但是做到了行业共生。有时，企业在某一个辖区销售水泥，如果从产地运到需求地非常远，那就会把订单转给竞争者，由运距更近的同行企业生产。也就是说，所有的生产都进行了协同，把这些竞争者都连在了一起，遵循最低成本的原则。

我前段时间去一家汽车公司调研，它的机器人焊接生产线上，不仅生产自己的汽车，还在为一些新势力的车企做车体加工。同行的专家问道："这样生产不就等于支持了你的竞争者吗？"厂方回答："制造业都是同质化的，这样做反而可以降低成本。"所以，很多新势力的车企其实不需要生产线，只需要单独的设计和款式，而生产则可外包给汽车制造企业。这就是我们今天看到的"从竞争到竞合"。

有人认为，一个行业里的同行是冤家，但其实也是利益共同体。做企业有两个重要思想：第一，让利思想，你赚你的，他赚他的；第二，地盘思想，你有你的地盘，他有他的地盘。换言之，要彼此尊重核心利益。大家应该遵守基本原则，不要动对方的奶酪。

同一个行业里的竞争者之间是协同共生的，国企和民企之间也是协同共生的，大型国企是现代产业链的链长，后面可以有上千家民企做外包，从而形成价值链、供应链。它们之间没有本质上的竞争，实际上是一体的，不能厚此薄彼。大企业、中企业、小企业也是协同共生的，大河有水小河满，大河无水小河干，其实，大河也是由小河汇集起来的。所以，今天的企业发展应该建立在共生、共赢、共享的基础上，大家受益于企业的发展成果，社会才能美好。做企业的根本目的是让社会更美好，让大家更幸福。

市场竞合，归根到底是一种文化。正所谓"己欲立而立人，己欲达而达人。"任何成功的事业一定是双赢、多赢和共赢的结果。做企业也是一件利己利他的事情，常常利他才能利己。财富是一个增量，而不是定量，不是你分了我就少了，而是大家共同把蛋糕做大，在增量的基础上分享财富。如果从利己主义出发，必定引发恶性竞争；从互利主义出发，就能实现良性竞争；从利他主义出发，就能齐心合力走出恶性竞争的"丛林法则"，让更多人通过企业的平台实现共富和共享，这将是经济社会发展的巨大内在动力。

优质优价：质量上上，价格中上

产品价格是企业的生命线，必须认真对待。大量实践证明，在丢份额保价格和保份额降价格两种做法之间，往往是保份额降价格、走压价竞争路线的企业倒闭了。

关于可否用低价策略来赢得竞争的成功，西蒙先生在《定价制胜》一书中列举了宜家家居和阿尔迪超市的例子来分析。他认为，只有诸如宜家家居这种极特殊的产品特色或阿尔迪超市这种掌握极低价格货源的经营方式才能取得低价优势，现实中能做到低价格、高利润的企业少之又少。我非常认同这个观点。产品有成本，过度低价竞争容易诱发"劣币驱逐良币"现象，导致全行业垮掉的例子并不少见。从长期来看，低价格和低利润也会严重影响投资者的信心和员工的情绪，影响企业的技术创新投入，影响产品质量和服务质量。

企业要在经营上做精就不能盲目地扩张，不能简单地进行压价的低质竞争，而需要走优质优价的路线。尤其是在经济下行、产品过剩的时候，企业要走稳价保量降本的路线，同时要提高质量，改变竞争理念，要与竞争者、与行业和市场协同共生。

我在40年的企业生涯中，没有做过一家亏损的企业，任何时候都能盈利。像中国建材旗下的凯盛浩丰以"从种子到餐桌的绿色"为理念，始终坚持按照国际食品安全标准把控温室种植和加工全过程，为国内外客户提供安全、美味、新鲜的农产品。它的智慧温室聚焦番茄产品，100%种植番茄的三个品种，将番茄产品细分为一级果、二级果、三级果等153个最小存货单位（SKU），满足不同渠道消费者对番茄产品的需求，通过市场专业化运作，始终对标各渠道前三名的品牌，遵循质量领先的理念，实行全面质量管理，建立了一套完整的"产品可追溯体系"，产品研发、原料采购、生产、销售的整个链条都会有相应的管理流程和规定，做到全程可追溯、可控制。凯盛浩丰在不断提高产品质量的基础上提倡优质优价，"质量高很多，价格高一点"。作为行业领军企业，凯盛浩丰通过标准制定、品牌宣贯及消费者教育，体现产品差异化，具体分为四个阶段：

- 上市初期，定价略高于市场价格，进入对上游产品有标准、品牌需求的渠道。
- 在已有渠道的基础上拓展市场，覆盖更多区域，稳定平均售价。
- 获取、积累大量客户反馈后对产品品种、口感进行优化，推广至更多区域。
- 形成"绿行者"品牌种植、包装、产品标准，将"绿行者"标准推广至农户，让更多的生产者按照凯盛浩丰的标准种植、售卖。

价值创造：产品与资本的协同共生

通过资本市场放大和提前实现价值

上市在资本市场上是一种直接融资。但是上市之后，就有了股票，可以互相转让，可以买卖。这就产生了一个新的东西：股票的价值。股票价值的计算，在过去工业化时代其实很简单。20年前计算市盈率，就是银行利息的倒数。比如银行利息是5%，市盈率就是20倍，如果企业有10亿元的利润，市值就是200亿元；如果有100亿元的利润，市值就是2000亿元。所以，企业要提高市值就必须把利润做好。

这是工业化时代资本市场的规律，但是在新经济、高科技时代，价值和利润之间的关系变了，价值可以提前实现，使得很多早期的创业公司能提前获得资金发展。比如，特斯拉没怎么赚到钱，市值却已超过1万亿美元，有了这个价值之后，企业可以先利用市场价值进行发展；宁德时代市值超过1万亿元，通过发行股票可以筹集资金建设新的电池厂，加快企业发展。但是，如果没有资本市场，这是无法想象的。

今天的资本市场，拥有一种巨大的魅力：不仅可以放大价值，还可以把价值提前实现。企业的利润和价值有时并不完全吻合，我们今天必须意识到这一点。它最大的益处就是支持创新，支持那些不知名却很有潜力的创新者，把他们的创造力转变成产品，用他们的产品催生企业不断成长起来。当然，这种神奇的力量也有另一面，就是无序扩张。现在，我们一方面要让它健康发展，支持企业的创新；另一方面要为资本设置"红绿灯"，依法加强对资本的有效监管，防止资本野蛮生长。

我前不久去湖南调研了5家上市公司，其中市值最高的是爱尔眼科，当时市值在4000亿元左右。它是全球最大的眼科医疗连锁机构，也是国内首家医疗行业的上市公司。眼科医院是很专业的医院，我的姐姐是眼科大夫，以前在天津一家医学院工作，我去看她的时候常说："别的科都是一层楼，你们只有两个办公室，太小了。"我到爱尔眼科调研的时候，感觉到这家公司很厉害，在国内开了500多家眼科医院，在国外还有100多家，做成了专业领域的一个头部企业。

高市值上市公司的特质

今天，资本市场中的高市值公司不断涌现。截至2021年年底，我国千亿级市值的上市公司有162家，若加上中概股和红筹股，共有250多家。这是了不起的事情，因为2018年我国千亿级市值上市公司只有60家，也就是说2019～2020年两年翻了一番还多。可以说，这个翻倍的增长，得益于资本市场成熟度的提高，得益于近两年来包括证监会在内的相关部委、中国上市公司协会对高质量上市公司的积极引导，让它们对市值加深了认识，更加重视。

千亿级市值公司具有以下三个特质：

一是行业龙头或细分领域的头部企业。企业的业务不应过于分散，要做好主业，做成拳头产品往前走，争取进入行业前三名，这样市值的估值才会高。如果业务过于分散，投资者没办法估值，只能按价值最低的业务去评估。一些企业说自己什么都做，如生物医药、互联网、新材料等。其实，企业不能什么都做，要么做医药，要么做互联网，要么做新材料，三个都做，投资者不知道可比的业务是什么，市值的估值就会很低。所以，有多个业务的企业，将业务分拆成几个公司，总市值会高过一个多元化企业。

二是高盈利性、高成长性。从财务指标上看，千亿级市值企业往往具备至少连续3～5年，甚至更长时间的高盈利性和高成长性，ROE（净资产收益率）显著高于行业平均水平。比如，家电行业三家千亿市值企业（美的、海尔、格力）的ROE远高于行业平均水平。它们都不是只在某一年度而是在多个年度保持高水平。

企业归根结底还是要赚钱，要具有成长性的。现在，资本市场不仅讲效益，还讲价值；不仅讲市盈率，还讲市销率。市盈率指的是股价和每股盈利的关系，市销率指的是股价和每股收入的关系。为什么出来这么一个新名词？有的高市值公司可能没有利润，所以用市销率来进行对比，这体现了企业的成长性。企业的盈利性和成长性，是企业生存的基础。企业不赚钱或长期不赚钱，都是很难运作下去的。

三是企业的治理结构比较稳定。这指的是股权结构比较稳定，大股东的持股比例比较稳定，如果大股东大规模出售股权，小股东就都没信心了。千亿级市值的上市公司，大部分股权结构相对稳定，公司治理水平较高，这是非常重要的。

千亿级市值公司所具有的上述特质，高市值上市公司也应该具备。要么成为行业头部企业，要么盈利性高、成长性强，要么治理结构稳定，或以上三者皆有，就可能发展成为高市值上市公司。

这里举一个高市值上市公司的例子。自1991年成立以来，深圳迈瑞生物医疗电子股份有限公司（以下简称迈瑞医疗）坚持自主创新，实现高质量发展，如今已成为全球领先的医疗器械与解决方案供应商，产品覆盖生命信息与支持、体外诊断、医学影像三大领域。迈瑞医疗强劲的发展势头得益于长期对研发创新的高投入。在过去几年，迈瑞医疗的整体研发投入占比始终维持在10%左右。公司拥有超过2500名研发工程师。

作为国内医疗器械生产企业龙头，迈瑞医疗全程参与了"战疫"的每一个环节。在国内，从火神山、雷神山医院危重病房设备和检验设备的同步装机交付，到武汉同济、协和，北京小汤山、地坛等重点抗疫医院建设，迈瑞医疗提供了70%以上的医疗器械设备。同时，迈瑞医疗作为中国最大的呼吸机出口企业，海外需求明显增加，在中国的医用有创呼吸机出口中占比达到60%，获得了欧美发达国家对中国高端制造的认可。

低市值上市公司的三个问题

这些年，我国涌现了一些高市值上市公司，但是低市值上市公司还不少。当然这些公司市值低，有些是客观上的规模偏小造成的，但也有一些是因为主观上的经营管理问题，对于这些主观上的经营管理问题，我把它们概括为以下三点：

第一，重融资轻机制。上市到底是为了什么？一般认为是到资本市场去融资。其实，上市有两个目的：一是融资，二是引入市场化机制。如果只融资不引入市场化机制，这家企业就没真正进入市场。

中国建材股份在香港上市后，我每年都参加路演，路演了13年，投资者每次都会问：公司有没有激励机制，是什么，兑现了没有，等等。也就是说，上市公司的激励机制不仅是内部激励的问题，也是投资者很关心的事情。因为投资者会认为，如果公司管理层都不持有股票，我们为什么要买这家公司的股票？我到个别上市公司调研的时候，有的公司领导说一年都不看股价。其实，这也折射出一个问题，他没有动力，因为在公司没有任何激励机制。管理层通过机制获得的只是小部分，但这个机制会影响投资者，甚至最后会影响公司市值，这对公司来说是大事，因此我们必须进行机制的改革。

第二，重利润轻市值。过去一些上市公司的财务体系是重视利润和效益，习惯讲资产、收入、利润，却很少讲市值。上市公司既然进了资本市场就得好好做，研究资本市场的变化，适应资本市场，改变过去传统的效益思维，思考如何更好地为股东创造价值。

我在参观一家企业的展厅时曾说，不仅要让产品的客户参观，还应拉着资本市场的客户——投资者参观。上市之后我们就有两种客户，一是产品的客户，一是投资的客户，不能只重视产品的客户，也要与投资的客户进行交流。

2021年年初，证监会、国资委动员上市公司都要做业绩说明会，在国外叫路演。我在香港H股上市公司做过13年董事长，每年参加两次全球路演，给投资者讲我们企业的战略、经营业绩、存在的问题及解决思路等，听取投资者的建议。因为很多投资者是成熟的投资者，他们的分析师会有非常好的建议。企业不能害怕见投资者，"丑媳妇也得见公婆"，上市公司是投资者的企业，干了一年，要向投资者汇报。

第三，重管理轻治理。治理是现代企业制度的中心环节。现在有的公司采取的还是传统的上下级管理模式，有的是家族式管理、"爸爸管儿子"式的管理。对上市公司来说，最重要的是治理规范。

明确股东会、董事会、经理层的责权利是现代公司治理的核心。一些公司一天到晚打乱仗，就是因为责任不清。层层都是多元股份公司的结构下，层层都有董事，要厘清行权职责并不容易。不能再把投资的企业当成二、三级企业来管，而应以股东身份参与管理，通过股东会委派董事进行管理。比如在投资方面，按《公司法》要求，股东会的权力是审批投资预算，董事会的权力是审批投资方案，经理办公会是执行投资方案，以这样的思路去做就会比较清晰，既不像传统企业的上下级管控，也不会使股东会、董事会、经理层打乱仗。

重视价值管理

对于现有的低市值上市公司，要改善公司质量，增强价值管理意识，认真研究资本市场的规律和变化，利用好资本市场上的科创板、创业板、私募股权、风投基金等资源和工具，学会将产品市场和资本市场结合去提前发现价值、创造价值，把价值做起来。

要打造更多的千亿市值上市公司，一要有取舍地布局大健康、新能源汽车、新材料等发展潜力大、成长性强的领域；二要打造公司核心专长、特殊竞争力，通过资源和时间的投入与累积构建品牌、技术壁垒；三要提升盈利性和成长性，做优做强，力争成为行业头部企业；四要提升治理质量、重视管理层股票计划和员工持股等激励措施；五要重视价值管理，把市值的增长纳入业绩考核的范畴。

当然，我们反对伪市值管理，市场的机制是强大的，泡沫终会有破灭的一天。尤其是随着相关法律法规和制度体系的不断完善，虚假的市值无法长久。上市公司的创新要和价值创造结合起来，要把价值创造故事讲好，让投资者看到在可以预见的未来能给他带来预期的价值，股价最终是要靠业绩来支撑的。

做高质量的上市公司

上市公司质量是资本市场健康发展的基础,只有高质量的上市公司才能提振投资者的信心,才能带来资本市场的繁荣。党中央、国务院都非常关心资本市场的发展,关心上市公司质量的提高。2018年底的中央经济工作会议明确指出:资本市场在金融运行中具有牵一发而动全身的作用,要通过深化改革,打造一个规范、透明、开放、有活力、有韧性的资本市场,提高上市公司质量。

2019年证监会印发《推动提高上市公司质量行动计划》,2020年国务院印发《关于进一步提高上市公司质量的意见》,体现了党中央、国务院对提高上市公司质量和促进资本市场健康发展的高度重视,也可以看到在我国新发展格局下,提高上市公司质量的紧迫性和必要性。提高上市公司质量成为今后一段时间内我国资本市场的重要工作。

提高上市公司质量,核心有两件事。第一件事就是规范公司治理。质量是上市公司的基石,但治理又是基石中的基石。提升公司治理水平、促进上市公司规范运作,是提高上市公司质量的基础。增强公司治理的有效性,是抓牢上市公司高质量发展的关键,是提高上市公司质量的重点工作。第二件事就是推动上市公司做优做强。"优"指的是企业的效益和价值。"强"指的是核心竞争力、创新能力。做优做强是指既有好的效益和价值,又有好的市场竞争力。

现在,我国上市公司群体中不乏扎扎实实推行高质量发展的优秀企业。万华、美的、海天味业、海康威视等公司在主业发展、收入利润、股价市值、现金分红等方面的表现,都给我留下了深刻的印象。到底什么样的公司才是高质量的上市公司呢?高质量的上市公司应该做到以下几点。

主业突出

2019年3月10日,习近平总书记在参加第十三届全国人民代表大会第二次会议福建代表团审议时强调:做实体经济,要实实在在、心无旁骛地做一个主业,这是本分。今天的市场竞争日趋激烈,而企业的人才、知识,包括各项能力都是有限的,因此我们在业务发展上一定要量力而行,以足够的控制力、抗风险能力和获取资源的能力为前提。尤其企业规模做大了,往往容易出现业务种类过多的倾向,非主营业务成为"出血点",使企业亏损。

我做中国上市公司协会会长两年多来,发现近几年那些出了问题的上市公司,除了违法乱纪的,绝大部分上市公司的问题是偏离了主业,盲目地扩张。本来公司好好的,有了钱就开始乱做,最后做不下去,收不了场。因此,我主张按照业务归核化的原则,聚焦主业、做强主业、提高主业发展质量,不断提升企业的核心竞争力。

赤峰黄金就是业务归核化的一个典型案例。它是一家民营上市公司,创始人赵先生2016年辞任公司董事长一职,正式退居幕后。2019年,王建华接任董事长,他过去是山东黄金的董事长,后来到福建紫金矿业做总裁,又到云南白药做董事长。他到赤峰黄金后,梳理了公司的业务,把赤峰黄金的"出血点"都减掉了,仅专注于金矿开采,坚持实践"让更多的人因赤峰黄金的发展而受益"的价值观。现在公司经济效益很好,资产负债率低,股价也上涨了10倍。创始人赵先生很开明,他把律师请去,让子女们都签了一份文件,把赤峰黄金的所有管理权交给了王建华为首的管理班子,自己家族里没有一个人是董事会成员,进一步规范了治理,不再搞简单的家族化企业了。

这就是主业突出。企业业务做乱了,就要业务归核化,减掉非核心业务。近期某家航空公司出现问题,就是由于盲目扩张,企业的财力、人力、物力跟不上扩张的速度,那一定会出问题。分析这家公司出现问题的主要原因:一是治理乱,管理模式下治理缺失;二是投资乱,铺了12个行业的摊子,因此很难把业务聚起来,相应也就没有太大的竞争力。虽然表面上看起来营业额很大,但这是加和的结果,实际上对每个行业的控制力都不够,一有风吹草动就容易轰然倒下。

治理规范

治理规范是一个公司长治久安、基业长青的基础,如果治理得好,公司就能长久地发展。即便是规模小的公司也一样,一定要做好治理,认真经营,开好股东会、董事会、监事会,让它们充分发挥各自职能,这样才能长期做大事,否则治理乱了,很多方面就容易出问题。好的上市公司都是把治理规范放在了很重要的位置,所以才能把公司做好。

我跟美的集团董事长方洪波先生进行过深谈,这家公司做得不错,市值几千亿元,我就问他做这么好的原因是什么,他说主要是靠规范的治理。美的是个家族企业,成立于1968年,1993年在深交所上市,是民营企业上市第一股。它的创始人何享健先生那时经常出国,思想比较超前,接受了美国的现代公司治理观念。2012年,方洪波先生作为职业经理人从何享健先生手中接任美的董事局主席兼总裁,何氏家族成员制定家族宪章,明确不出任董事局职位,把整个公司的经营管理权交给了职业经理人。这一次交接充分体现出美的在公司治理层面的先进性,以及何享健先生非常明确的价值观。

这也使我想起了20年前去瑞士调研的当时世界500强企业中水泥做得最好的霍尔希姆公司。它是一个家族企业,11名董事没有一个家族成员,全部聘请的是社会精英和专家,管理层也是如此。当时,我觉得这是非常稀奇的，为什么股东不进来呢？后来，我发现美的也是这么做的。

以我调研过的中顺洁柔来说，这家公司提出产品要品牌，企业要品牌，做人更要品牌。在公司治理上，它也是选用外部人做董事长，创始人选择的接班人曾担任过兴业银行某分行的行长。他选人的标准是事业心重过脸皮，为人正气、尊重上司、关爱下属，有创业精神、能打江山，能通过资本运营和规范运作带领企业继续做大做强。

我还去了福耀玻璃调研。它在玻璃行业里只做汽车玻璃这样一个细分领域，20多年如一日，现在市场占有率达到33%，我去看了它的工厂。曹德旺董事长跟我说，最重要的就是治理规范。这家公司很早就开始在公司治理上下功夫，曹德旺董事长在研究了西方公司治理实践和我国的《公司法》后，设计了一个方案改组董事会：

- 新董事会由11名董事组成，其中持股5%以上股东占一个董事席位，共5名，外聘独立董事3名，内聘公司高管3名，任管理董事，主要代表职工权益。董事会实施席位制，议事实行票决制，董事不分界别一人一票，权利平等。
- 任何重大决策需上股东会表决的必须由董事会提报，未获董事会批准不得报请股东会表决。这一制度从1995年一直沿用到现在，而且1996年公司就聘请了国际审计师加强外部审计。

现在，福耀玻璃的董事局由9名董事组成，其中独立董事3名，并制定了如何保证独立董事行权的相关制度，使其做到人格独立，发挥智库、监督两方面的作用。在福耀玻璃的治理结构中，董事会和股东会要分开，开会前管理层和独立董事进行沟通。

做好上市公司，治理是基础建设，也是上层建筑，大家一定要把治理做好。与上市公司相关的有四个"文件"：一是《公司法》；二是新《证券法》；

三是 2018 年修订的《上市公司治理准则》，是上市公司在治理方面的一个遵循；四是经济合作与发展组织（OECD）2015 年修订的《公司治理原则》。作为上市公司董事长、总经理和其他高级管理人员，这四个文件应该人手一份，认真去读，按要求去做。

业绩优良

我们在谈论上市公司业绩时，不仅要关注利润，还要关注价值，需要综合考虑。效益是企业的基础，不赚钱的企业肯定不是好企业。企业只有效益好了，投资者才会有回报，员工才会有收入，政府才能有税收，环境才能有改善，企业才能有发展。

现金流充沛也非常重要。前不久，我去万科见了郁亮董事长。万科在三年前压力很大，因为它的业绩曾被几家房地产企业超过。当时，万科的业务开展显得很保守，但是它重视现金流，提出要做有利润的收入、有现金流的利润。时过境迁，那些曾经超过万科的同行企业，不少都遇到了麻烦，而万科现在发展得很稳健。

回望当时，别人还在高歌猛进，而万科却已准备过冬。做企业不能只想到前进，还得想到转移。前进为了占领地盘，转移为了保存实力。所以，前进也得做，转移也得会。市场是很残酷的，大家回忆一下会发现，每年总有些企业因为过于冒进而出了问题。

提高核心竞争力

前面讲到做企业的四个核心：核心业务、核心专长、核心市场、核心客户，其中核心专长就是企业的核心竞争力。我们常讲"一招鲜，吃遍天"，对一家上市公司而言，最重要的是有什么核心竞争力形成企业的市场优势。

核心竞争力，也就是创新能力。万华号称中国的"巴斯夫"，它的技术创新能力很强。全世界只有三家企业能做眼镜片的树脂，万华就能做，还有导线外皮的尼龙，又结实又柔软，万华也能做，这些都是万华的技术专利。所以，万华的效益很好，股价也很好。

核心竞争力和技术专长也不见得都是高科技，中科技、低科技也可以形成技术专长。北新建材做的石膏板又轻又结实，这是它的技术专长，可能不是高科技，但这么多年别人就是学不会，北新建材的石膏板在全国的市场占有率达60%，也赚了不少利润。

承担社会责任

有人说，把企业做好了就尽到了最大的社会责任，我觉得不完全对。做好企业是本职工作，社会责任也是企业必须承担的责任。除了对股东和员工所负的法律责任外，企业对利益相关者所承担的责任，就是社会责任的主要内容。好的公司不仅要创造经济效益，还要充分发挥产业和专业优势，积极承担社会责任，在环境保护、绿色发展、脱贫攻坚等方面发挥引领作用。对企业来说，如果在环境保护、社会责任方面表现出色，外部环境会变好；如果把利益相关者的利益照顾好了，内部会很有积极性。这样的企业才有更强的创新能力和竞争力，最后获得更多的效益，企业走得更远，然后再回馈社会，对所有者来讲也是最好的结果，这是一个正向循环。

2020年7月21日，习近平总书记在企业家座谈会上就弘扬企业家精神谈到五点：爱国、创新、诚信、社会责任和国际视野。这就是对我们最好的指引。习近平总书记还提出，企业家要学习张謇，多回报社会，承担社会责任，要得到社会的认可和尊重。张謇是清末民初的一位企业家，被称为近代中国最具企业家精神的楷模。他办了20多家企业，建设了300多所学校。

习近平总书记还曾专程前往南通博物苑，参观张謇生平介绍展陈。我们做企业的目的，不仅要让企业家自己富裕，还要让社会更美好。

前些天，我在媒体上看到一个企业家美誉度排行榜，曹德旺先生是排在第一位的。曹德旺先生曾跟我说，他这些年捐赠的钱不是公司的，都是自己的，上市公司的钱一分没动。过去一共捐赠了 100 多亿元，这次他又拿出 100 亿元来筹建一所福耀科技大学。他是个明白人，知道怎么对待自己的财富。财富多了，就支持教育，做些慈善。

今天到了一个财富时代，企业家是创造财富的人，但要先富帮后富，大家要有这种情怀。我在不同场合给大家讲过这个道理，社会也需要企业家这么做，尤其是大力支持教育。对企业家来讲，除了捐赠资金支持教育、乡村振兴外，也要主动关心弱势群体，企业家的关怀应该成为社会最重要的关怀之一。希望我们的企业家做符合时代要求的企业家，既能创造良好的经济效益，又能创造良好的社会效益，为社会大众创造更多财富，努力增进全社会的幸福感。

后　　记

　　从工业革命开始，尤其是20世纪的100年间，可谓是一个管理时代，现代意义上的管理学不仅诞生了，还取得了长足的进步与发展。英国、美国、日本和中国都相继出现了管理热潮，也相继产生了一系列管理理论和方法，当然还涌现了一些管理大家和企业大家。美国最先开展了商科教育，希望借此为企业培养经营管理人才。彼得·德鲁克先生把管理推升为学科，一些顶尖管理学者创造了各自的管理理论。回溯历史，英、美等国家的管理界人士比较重视管理理论的提炼，而日本的管理界人士则比较注重管理工法的总结，这两者对中国企业都产生了深远的影响。因而，中国管理界自然也就产生了学院派和实战派，可喜的是，学院派倡导知行合一的管理实践，而实战派也来到商学院或教或学，这是我国管理界的一大幸事。

　　我在大学时期学的是理工科，毕业后长期从事管理工作，先后攻读了MBA和管理工程博士课程，系统学习了西方的企业管理理论。但是，我也比较青睐日本的企业管理工法，先后学习了日本产业教育和日本海外技术者研修协会的培训课程。在过去40年的企业生涯中，我有35年都在从事大企业的管理工作，其中做过10年厂长，做过18年央企的董事长。长期的管理实践让我逐渐认识到，企业管理者既要学习现代管理理论，也要精通管理方法，关键是要结合自己的企业，创造出适合自己的管理思维和管理方式，三精管理就是我在企业里带领大家长年实践和总结的成果。

三精管理聚焦企业经营管理的关键要点，从组织、管理、经营三个方面展开，建立了科学、经济、高效的企业操作系统。在我国企业市场化改革的大背景下，组织精健化从股权、治理、管控、激励等角度入手，打造精干高效、充满活力的组织；管理精细化是推动企业管理的各个端口、全过程和全方位精细化，对管理基础薄弱的企业来说尤为适用；经营精益化则要求企业形成"从管理（正确地做事）到经营（做正确的事）"的逻辑，在不确定的环境下做出正确的选择，不断拓展盈利空间，提高盈利水平。

三精管理的指导思想和管理理念体现为全员参与、持续改进、系统优化。全员参与，是指要最大限度地发挥人的主观能动性和智慧。三精管理涵盖了企业经营管理的方方面面，大到集团的战略规划、经营战略，企业的管理模式、生产流程，小到设备的运行情况、保养方式，员工的行为规范、精神面貌，只要看得到、想得到的地方，都要时刻关注。因此，每个人都是三精管理的践行者和维护者，实施三精管理必须要从"人"上下功夫。实施三精管理的企业激发了员工"整个人"的才干和智慧，而没实施三精管理的企业可能只发挥了员工的"一双手"的作用。

持续改进，是指坚持目标导向，紧盯细节、深入分析，不断发现问题，以持续创新的思维寻求突破，以精益求精的态度努力改进。在整个过程中，每一天都不能懈怠，每一个角落都不能放过，每一点改进都是成果。不断挑战现状，时刻牢记三精管理的征程上没有最好，只有更好。

系统优化，是指三精管理的着眼点必须是全要素的，而不能割裂到每条业务线上各自推动。供应、生产、营销、行政、人事、财务等所有的改进都是为了一个统一的目标——系统地提高效率和效益，为此每个环节必须联动起来。如果每个环节各自为政，只追求本系统内极致的效率和效益，而不着眼于整个系统的布局、运转、优化、提升，那么就会导致"孤岛效应"，反而影响整个系统的效率和效益。

三精管理是有实践基础的，是企业界人士看得懂、学得会、记得住、好应用的一套企业管理工法。中国建材是从一家资不抵债的央企发展起来的，走了一条行业整合与资本混合的道路。其实，这家企业当初也面临着一些难题：一是它的资产负债率偏高，二是它所重组的企业管理水平参差不齐，三是市场无序竞争。面对这些难题，中国建材在内外兼修的反复历练中提升了企业自身的组织精健化与管理精细化水平，抑制了市场的恶性竞争，练就了一套中国式的三精管理功夫。

中国建材在发展过程中并不是一味求大，而是一边整合一边优化。这家企业十分明确自己的战略定位和扩张的边界，也十分清楚自己先天不足的企业短板，正因为如此，中国建材既重视企业的发展壮大，又重视企业的瘦身健体，始终把整合优化贯穿在企业的发展过程中。

北新建材的整理整顿，中国建材的五化管理、三五整合、八大工法、六星企业、格子化管控，南方水泥的整合优化，都是三精管理在不同历史时期、不同企业发展阶段实践中所表现出来的具体形式。值得一提的是，中国建材近几年广泛而深入地开展三精管理，使企业各项经营指标"该升的都升了上去，该降的都降了下来"，尤其是南方水泥的三精管理实践还获得了2019年全国企业管理现代化创新成果一等奖。这两年，我又进一步归纳成现在的三精十二化，形成了一套体系完整的企业工法，集管理和经营于一体，兼顾效率和效益，兼修内功和外功，它还有助于企业跻身产品卓越、品牌卓著、创新领先、治理现代的世界一流企业行列。

三精管理是一个开放性的平台，可以动态调整，不是每个企业都要严格按照中国建材的做法具体执行；只要在企业中秉持三精管理的理念，根据自身的特点和需要去做，持之以恒、一丝不苟、扎实稳妥地落实，就能助力企业提升经营管理水平和综合竞争优势，实现新的跨越和发展。比如，北新建材的九宫格、中国巨石的增节降、南方水泥的整合优化等都是管理精细化的实战范例。当然，如果你喜欢采用阿米巴或六西格玛，也可以将此融入管理精细化的平台。三精管理这一方法体系具有良好的延展性，不仅适用于产能过剩的传统制造业重组企业，也在一定程度上适用于大多数经营性企业。

中国经济正由高速增长转向高质量发展。在这一转变进程中，三精管理将进一步助力企业再创卓越。最近几年，我先后为多家企业讲解过三精管理这套工法，深受企业界人士的喜爱。

我一直为清华大学经济管理学院、北京大学光华管理学院、中国人民大学商学院等知名商学院讲课，我也担任过全国工商管理专业学位研究生（MBA）教育指导委员会的三届委员。长期的企业管理实战和管理教学经历让我逐渐意识到，我们的商学院应该增加一些实战性较强的管理教案，这也是我写作本书的另一个原因。

2021年春季和秋季两个学期，我先后为北京大学光华管理学院EMBA学员们讲过两轮"三精管理"课程，同年冬天又在中国人民大学商学院讲了一轮，每轮都是两天的课程。我常说，我哪里会写书，这句话不是谦虚，我的书基本上都是先有成功的实践，后讲通了、讲清楚了，再归纳并升华成书，《三精管理》就是这样一本书。正因为如此，我所讲的大多是实操方法或方法论，注重实践、以事说理是我的写作风格。

近几年，我先后在机械工业出版社出版了《企业迷思》《经营制胜》，连同《三精管理》这本书，自然而然地就形成了我的经营管理三部曲。它们不仅是我这么多年企业实战的经验积淀与经营管理的精华，也是我为广大读者贡献的企业实战导引，但绝不是企业经营管理的教条。

陈春花老师为《三精管理》这本书作序让我十分感动。她是一位集教授、企业家、作家于一身的传奇女性，我非常喜爱她的《我读管理经典》那本书。她治学严谨、躬身实践、作风朴实、为人谦和，我国不少年轻企业家是读着她的书成长起来的。最近，我也在读她的新作《协同共生论》，在企业经营环境发生变化的时候，她总能走在前面指导大家。

在《三精管理》成书过程中，机械工业出版社华章分社的吴亚军先生三次到我在北京大学光华管理学院和中国人民大学商学院的课堂上全程听课学习，并做了大量的笔记，他的敬业精神让我十分感动。在写作过程中，中国企业改革与发展研究会的李秀兰、李倩都全程参与，她们是这本书的幕后英雄。这本书在出版过程中还得到了不少朋友的鼓励和支持，在此谨向大家致以真诚的谢意。

宋志平
2022年春于北京